国家自然科学基金资助

最优农业推广服务供给的制度模式研究

沈贵银等 著

中国农业科学技术出版社

图书在版编目（CIP）数据

最优农业推广服务供给的制度模式研究/沈贵银等著．—北京：中国农业科学技术出版社，2010.6

ISBN 978-7-5116-0165-0

Ⅰ.①最… Ⅱ.①沈… Ⅲ.①农业—技术推广—商业服务—研究—中国 Ⅳ.①F324.3

中国版本图书馆 CIP 数据核字（2010）第 070812 号

责任编辑 李　华
责任校对 贾晓红

出 版 者 中国农业科学技术出版社
北京市中关村南大街 12 号　邮编：100081
电　　话 （010）82106631（编辑室）（010）82109704（发行部）
（010）82109703（读者服务部）
传　　真 （010）82106636
网　　址 http://www.castp.cn
经 销 者 新华书店北京发行所
印 刷 者 北京雅艺彩印有限公司
开　　本 787mm×1 092mm　1/16
印　　张 9.75
字　　数 130 千字
版　　次 2010 年 6 月第 1 版　2010 年 6 月第 1 次印刷
定　　价 20.00 元

本书撰稿人员

沈贵银　聂凤英　赵芝俊　张应禄
魏　红　刘振虎　姜梅林　张　正

内容提要

本书在分析比较了农业推广制度变迁及政策演化的轨迹基础上，运用公共物品理论，从一般科学技术的经济学性质、农业推广的内容、农业的产业特征、农业技术的创新与交易过程中的特殊经济学性质、农业推广的效益等方面来研究分析了农业推广服务的经济学属性，集中论证了农业推广服务具有公共物品的属性，并根据公共物品理论，将农业推广服务分为公共物品、准公共物品、混合物品及私人物品等四大类。根据公共物品不同程度的外在性和相应的产权界定难易程度，运用制度安排变更或替代的基本假设，阐明了农业推广服务供给制度安排变更或替代的主要原因。说明公共物品在生产与消费过程中的非排他性和非竞争性以及由此而导致不同程度的外部性，使得单纯依靠政府供给或市场交易机制难以实现利润最大化，必须引进其他的一些替代性制度安排或者对现有的制度安排进行变更，其最优供给主要有四种不同形式的制度安排：即政府制度、市场制度、企业制度和非政府组织制度。具体到农业推广服务而言，有以下形式：一是政府公共财政支出形式：包括政府直接投资建设公共农业推广服务体系、政府补贴基础上的私人部门（例如企业）提供农业推广服务。二是市场交易形式。通过界定农业推广服务产权界区，使交易成为可能。三是企业内部交易形式。如生产企业与研究与发展机构合并或现有的应用性科研院所通过转制组建科技型企业；一体化农业企业；对由企业提供的具有较高产权排他性的农业推广服务，通过成本补偿的方式实现其最优供给等。四是对具有混合物品属性的农业推广服务则由政府公益性机构与受益群体共同分担相应的费用（非政府组织制度）。此外，对具有私人物品属性的农业推广服务可以通过市场化供给的方式达到资源的优化配置与最优供给（即市场制度）。并由此提出相应的农业推广服务供给主体的最优制度安排模式，为构建以政府为主导，多元化农业推广服务供给的制度模式奠定理论基础与制度创新思路。

目　录

引　言

进入21世纪以来，随着我国总体上已进入以工促农、以城带乡的发展阶段，进入加快改造传统农业、走中国特色农业现代化道路的关键时刻，进入着力破除城乡二元结构、形成城乡经济社会发展一体化新格局的重要时期，“三农”问题越来越得到了党中央、国务院的高度重视。党的十七届三中全会提出要“把建设社会主义新农村作为战略任务，把走中国特色农业现代化道路作为基本方向，把加快形成城乡经济社会发展一体化新格局作为根本要求，坚持工业反哺农业、城市支持农村和多予少取放活方针，创新体制机制，加强农业基础，增加农民收入，保障农民权益，促进农村和谐，充分调动广大农民的积极性、主动性、创造性，推动农村经济社会又好又快发展。”为我国农业与农村经济发展指明了方向。

当前，农业农村改革发展面临的有利条件前所未有，但也要清醒地看到，推进农业农村改革发展挑战空前，我国农业生产方式落后，劳动生产率、土地产出率与资源利用率不高，农业比较效益低等问题依然没有得到根本改善，成为制约现代农业发展与新农村建设的关键问题，而随着我国农业对外开放程度的不断提高，城乡经济社会发展的关联度增强，气候变化对农业生产的影响日益增多，农业农村经济发展面临的各种传统与非传统挑战不断显现，农业基础薄弱、农村发展滞后、农民增收困难成为影响经济社会全局，实现科学发展的突出问题。在日益稀缺的资源约束、日益不确定的气候因素、日益复杂的国内外市场环境诸多因素的叠加影响下，要确保我国粮食安全，实现农民增收、农业增效，增强农产品的国际竞争力，归根到底要依靠科技进步。

改革开放以来，我国农业科技取得了举世瞩目的成就，科技进步对农业的贡献率达到50%以上，农业科技创新已成为推动农业和农村经济发展的根本动力。但与发达国家相比，我国在农业科技自主创新能力、科技成果转化能力、科技成果推广普及率等方面仍有相当差距。尤其表现在：一是自主创新能力不强，原始创新和关键技术成果明显不足，产前、产中、产后等技术集成配套不够。二是农技推广体系建设滞后，科技成果推广应用水平不高。我国农业科技成果转化率仅有30%～40%，远低于发达国家65%～85%的水平。这有推广不够的问题，也有研究与生产脱节问题，尤其是基层农技推广体系体制不顺、机制不活、素质不高、保障不足等问题仍然突出，农民科技素质总体还不高，对新技术的吸纳能力不强。三是运行机制有待完善，科研、教育、推广三个体系相对独立运行，相互衔接不紧，影响了农业科技形成整体合力。

从巩固和提高农业综合生产能力，保障国家粮食安全；转变农业发展方式，提高农业现代化水平；促进农民增收，实现农业增产增收，增强农产品的国际竞争力；加强农村资源环境与生态建设，促进农业可持续发展；加强原始创新，尽快缩短与国际农业科技先进水平的差距，使我国农业科技整体实力率先进入世界先进行列等目标出发，应加快我国农业科技创新步伐，逐步建立先进的农业科技创新体系，高效率转化农业科技成果的农业推广服务体系以及全面提高农民科学文化素质的农业教育与培训体系。

现代农业推广服务始于19世纪中叶，但在世界范围内，作为一种正式组织，农业推广制度仍是一种相当年轻的制度，实际上大部分国家建立公共农业推广组织始于20世纪50年代和60年代，即使在一些较早出现公共农业推广组织的高收入国家里，也是在第二次世界大战以后，随着科学技术的迅速发展，而强化了对公共农业推广组织及其活动在经济上的支持力度。FAO在1990年对全世界115个国家的207个农业推广组织所进行的调查中，发现至少50%是在过去20年里建立或重建的。

发展到20世纪80年代，随着发达国家农业在国民生产总值中所占份额的不断降低，经济结构的调整，以及全球农产品贸易市场形势变化和一体化程度加深，农产品补贴制度发生变化等，农业推广工作在推广理念、经济及技术层面不断发生变化。公共部门农业推广体系发展面临着一系列危机：一是随着公共部门的推广工作内容与范畴不断拓展，财政负担不断加重，高素质的人力资源短缺。二是推广组织能力不足，推广实践不能有效地发挥作用，许多推广服务建议不能被农民所采用，特别是在农村环境保护方面。三是在摈弃传统的农业推广服务体系同时，却缺乏被广泛认可的替代方式。公共部门农业推广体系缺乏针对性、足够的影响力，运行效率和效益低下，并较少考虑社会公平因素。四是随着农业推广服务主体提供多元化特别是私人部门的介入，面临着日益严重的资源竞争压力。

因此，自20世纪80年代中期以来，公共农业推广服务体系的发展无论在形式还是内涵上都出现了一些根本性变化。从组织体制上看，无论发达国家还是发展中国家，公共财政支持的农业推广组织不再增加了；从推广内涵上看，农业推广渐渐地被定义为一类多样化的技术转移和农村发展活动。这样的变化需要重新审视公共领域的农业推广技术扩散体系。从国际趋势看，主要改革思路基于以下四个方面的思考：一是减少公共农业推广服务体系支出的可行性；二是改变税收政策的可行性；三是公共农业推广服务体系中引入成本补偿制度的可行性；四是在一些可获得私人部门所提供服务的领域撤出公共农业推广服务体系的可行性等。

由此而形成的政策取向主要涉及以下几个方面：通过改革财政与投资制度进行费用分摊（例如成本补偿）；通过结构调整来分解公共农业推广服务体系的职能（如实施公共部门农业推广服务体系私有化改制）；大力提倡用户参与促使其承担相应的责任，并实现推广目标。在财政支持公共农业推广服务体系的若干形式中，占主导的发展趋势是多渠道筹措经费。在一些发展中国家，已经建立了公共和私人农业推广服务体系的协调机制；调动私人农业推广服务体系的积极性，鼓励农民合作组织发展，推动公共农业推广服务体系私有化等。

我国农业推广服务体系始建于20世纪50年代，在改革开放前的几十年里，推行的是以政府农业政策目标为中心的运行模式，农业推广服务基本上属于政府行为，农业推广的内容集中在高产技术、产中技术，一切围绕增产目标来展开，推广途径则是遵循自上而下的（Top-down）原则，实质上仅仅是一种农业技术的简单转移过程。这种农业推广体系在当时计划经济体制和农业集体生产环境下，对于大面积推广与普及农业科技知识，提高农业生产经营者科技文化素质，解决我国粮食安全问题起到了相当大的作用。

改革开放以来，随着市场取向的经济改革逐步深入、农村经济组织形态的变革及制度创新、农业产业链拓展、农业和农村经济结构多元化，传统的、以政府行政干预为特征的公共农业推广服务体系面临越来越严峻的挑战。为此，从20世纪80年代以来，我国农业推广服务体系就进行了一系列改革，主要的改革涉及以下几方面：实行政事分开，按专业（行业）建立事业性质的推广体系；实行综合办站，建立县级农业技术推广中心；加强乡镇、村、组等基层推广网络建设；组织多种形式的技术示范与培训；开展技物结合的有偿服务；实行农业技术承包；实施重点推广项目（如丰收计划）；组织统一的农业社会化服务等，逐步形成了以国家农技推广机构和群众性的农村科普组织和农民专业技术服务组织相结合的农技推广体系。进入 20 世纪 90 年代以来，随着《农业技术推广法》的正式颁布实施，我国农业推广事业逐步走上法制化轨道，但在管理体制、推广机制、人员素质以及推广工作投入等方面仍然面临诸多问题。21 世纪以来，随着我国总体上已进入以工促农、以城带乡的发展阶段，“三农”问题日益受到党和政府的高度重视。从 2004 年开始，连续数年的一号文件都提出要深化改革加快农业技术推广体系建设。2006 年国务院出台了《关于深化改革加强基层农业技术推广体系建设的意见》（国发［2006］30 号），对新时期基层农业技术推广体系建设、改革和发展提出了明确要求。2008 年中央一号文件明确提出，“通过 3～5 年建设，力争使基层公益性农技推广机构具备必要的办公场所、仪器设备和试验示范基地”。党的十七届三中全会通过的《中共中央关于推进农村改革发展若干重大问题的决定》提出，要“加快构建以公共服务机构为依托、合作经济组织为基础、龙头企业为骨干、其他社会力量为补充，公益性服务和经营性服务相结合、专项服务和综合服务相协调的新型农业社会化服务体系。加强农业公共服务能力建设，创新管理体制，提高人员素质，力争三年内在全国普遍健全乡镇或区域性农业技术推广、动植物疫病防控、农产品质量监管等公共服务机构，逐步建立村级服务站点。支持供销合作社、农民专业合作社、专业服务公司、专业技术协会、农民经纪人、龙头企业等提供多种形式的生产经营服务”。近年来，基层农业技术推广体系的改革与建设工作全面展开，并已取得初步成效。

当前农业推广服务体系所面临的问题主要有以下几方面：

第一，农村市场取向的经济改革，使得政府管理经济的职能逐步由直接的行政干预变为间接的宏观调控，曾作为政府管理经济职能一部分的公共农业推广服务体系也由此被推向了市场。政府作为农业推广服务供给的主体地位受到一定程度的削弱。对农业推广服务所具有的公共物品属性认识不足，农业推广服务的投资强度不足已成为一个普遍性的问题。基层农业推广服务体系被要求“脱钩”、“断奶”、“抽血”，农业推广人员流失严重。造成农业发展处于需要其研究与推广力量的强化与现实情况下研究与推广力量减少的生存危机矛盾中。

第二，农业推广服务供给的制度安排模式仍较为单一，企业与市场在提供农业推广服务方面的作用没有得到发挥，技术需求与技术供给的严重脱节，技术市场发育不全，需求与供给之间的信息反馈不灵。

第三，农业推广组织体制存在严重的条块、部门和地区分割，且缺乏足够的统筹与协调，不能适应新形势发展的需要。

制度存在的合理性要依赖于其对环境的适应性及其与其他制度的兼容程度，以此来判断是否能促进资源的有效配置。改革开放以来，一方面，我国农村经济组织形态的变革与制度创新，必然要求为之服务的农业推广制度进行相应的变革与创新。形成多元化、甚至多种所有制形式的农业推广服务体系。另一方面，农业产业链的拓展、农业和农村经济结构多元化，使农业生产逐步成为一种适应新形势要求的市场化、规模化和深度开发化的渐次高度化的过程，不仅要求农业技术内容多元化，更要求通过制度创新，建立适合市场经济发展需要的多元化农业推广服务供给体系，同时在推广途径、方式方法、手段和推广受体的参与程度等方面进行相应的创新。

农业推广服务不单纯地是一种技术的转移，仅服务于农业产量增加或质量改进目标，也有别于工业上的技术转移和扩散。农业推广服务就其本身而言，是国家技术发展战略的组成部分，根本目标还包括确保国家食物安全、推动农村经济社会全面发展，实现农业可持续发展以及资源与生态环境的保护和有效利用。因此，在市场取向的经济改革过程中，首先必须加强公共农业推广服务体系的建设，赋予和强化各级政府和非政府组织提供公共物品的能力；其次是根据农业推广服务的产权性质，进行农业推广服务体系的制度创新，以此来选择不同的农业推广服务制度安排模式。这是推动农业推广服务体系创新的内在动力。

第一章
农业推广的概念与农业推广体系演变

一、农业推广的概念与推广实践

一般认为，历史上有关农业推广的概念，最早由克拉伦顿伯爵(Klarendon) 1847 年提出，其含义为：通过说服、培训和提供信息等非强制方式帮助农民改革生产技能，发展农业生产。其后，随着推广活动在全球范围内普及，推广一词在不同的国家里有不同的含义。

在荷兰语里推广是 Voorlichting，意思是照亮前面的道路，以帮助人们找到道路。进一步提出“推广”最基本的含义是“自觉运用信息交流，帮助农民分析现状，建立未来的目标，进而帮助农民提高知识和技能，作出正确的决策”(A. W. Van den Ben & H. S. Hawkins，1996)。

在英国和德国，当谈到顾问工作或者 Beratung，往往暗示一个专家以最优方式提供建议以达到您的目标，但留给您相应的职责去选择采用何种方式。在德国还使用另外一个词，即：Aufkarung (Enlightment)，在健康教育中表示强调了解构成健康身体基础价值的重要性。突出关键点在于我们必须清楚知道我们正在做什么。他们同时也谈到 Erziehung（Education）一词，正像在美国的大学已经强调的推广目标之一是教育人们自己去解决难题（A. W. Van den Ben & H. S. Hawkins，1996）。

在美国，一般把农业推广称之为“农业推广教育或农业开发咨询”（王文玺，1994）。澳大利亚在谈到 Forderung（Furthering）意思是激励您向着您愿意的方向前进。这一含义非常相似于韩国的乡村指导一词。而法国人用 Vulgarization 一词表示推广其含义是强调为了普通大众的需要普及技术知识。西班牙人则用 Capacitacion 表示推广。意思是改进人们的技术水平，但通常所表达的是训练或培训之含义（A. W. Van den Ben & H. S. Hawkins，1996）。

在我国，农业推广活动比较强调的是技术推广或转移（Technology transfer），一般都称之为“农业技术推广”，通常的含义为“通过对科技成果的试验、示范、培训、宣传等形式，向农民传授先进技术的过程”（王文玺，1994）。也有人称之为“将先进适用的农业科技成果转化为现实生产力，并能增加农产品有效供给和农民收入的一种社会化服务”（王平和杨旭，1996）。

以上的简单讨论反映了推广的不同进程和在不同国家里的基本表述，既有共性的一面，也存在着一定的区别。大部分的农业推广服务是以上各种推广途径的混合体，但并不总是由同样的要素所构成。某一组织所使用的特殊的推广混合体与其说是建立在充分考虑其适合当时、当地条件基础上，还不如说是以传统为基础的。尽管来自不同团体或在不同学校受过训练的人们讨论农业推广问题时，会有不同的观点与看法，但就本质而言，推广一词最基本的含义是：“指理智地使用信息沟通和联系，帮助人们形成正确的看法并做出合理的决策”（A. W. Van den Ben & H. S. Hawkins，1996）。

需要着重强调的是农业推广旨在帮助农民在可替代的解决难题方法中进行合理的决策。同时也十分关注农民对难题的认识程度，在怎样情形下才能辨清他们的目标和机会，使得推广机构人员能够让农民自己去做出适合他们个人的目标和条件的最优决策。

早期的农业推广定义要求有进一步的解释。帮助，意味着农民的利益是推广工作的出发点。农民将经常自己决定什么是最重要的。但也在一定时间里存在由推广人员决定什么是最好的这样的情况。例如，兽医专家可能会说，如果采取某些控制和预防措施限制一些特殊疾病的传播，从总体上来讲，将最大程度地有益于社会和农民个人。

农民可能会遇到的障碍包括：①知识：一些农民缺乏足够的知识和洞悉力识别其遇到的难题，以及可能的解决方法，或选择最合适的解决方法去实现其目标。由于其有限的经历和训练，以及其他因素，他们的知识同时也可能是建立在错误信息基础上。推广机构的目标通过提供有关难题的信息和正确观点去消除这些障碍。②动机：一些农民缺乏以某种方式行事的动机。或许是因为在行为上所愿意的变化与其他动机相冲突。推广工作人员有时可以通过帮助农民重新考虑其动机来克服其困难。③资源：推广组织有责任帮助农民消除缺乏资源的障碍。例如，欠发达国家隶属农业行政部门的推广组织在管理信贷和安排化肥等重要生产资料时承担起一定的职责。但根据推广的定义，提供资源的组织即使其在推广方面做了许多有价值的工作，但一般不属于推广工作的范围。④远见：就像缺乏知识一样，有些农民显然也缺乏远见，短期行为是显而易见的。

显然，推广组织不能解决农民的所有问题。适宜的知识和远见，也只能解决其中的部分问题。只有推广组织自己具备所要求的知识及对所存在问题的远见卓识，或者与农民共享，才是有效的解决问题的途径。推广组织的其他社会功能如科学研究能够解决其中的部分社会问题，例如提供增加作物产量的方法。推广组织同时也要能够随时对农民所面临的形势进行分析和判断。以便随时使自己处于有利的位置，及时向农民提出出现不利情况的警告。他们同时也要能够努力改变农民对于具体的、待解决的难题的模糊不满足感。例如，通过分析一个农户的经济结构，推广组织或许能够向农民指出，尽管种植某种特殊作物的回报已经下降，但他仍依赖该种作物作为其主要的收入来源。这样一种分析也可证实选择已经农民试验的替代作物具有保持较高收入水平的潜力。

农民的目标是推广组织要考虑的另一重要的问题。通过与农民的沟通，推广组织能够帮助农民选择合适的目标。进一步地，在这里我们也可以看到，推广与成人教育之间并没有明确的分界线。现在我们可以从系统的角度把推广定义为一个进程。它包含：

（1）帮助农民分析其现在和可以预期的将来的情况。

（2）帮助农民对面临的难题保持清醒（识别难题）。

（3）增加农民的知识，并培育其对难题洞悉力，帮助农民重构其已有的知识系统。

（4）帮助农民获得与解决难题及其结果相关联的特殊知识。以便使农民在可能的替代途径中进行选择。帮助农民作出自己的选择，这种选择在他们自己的看法里是适合他们所面临情况的最佳方法。

（5）增加农民在实施其所做出的选择时的动力和动机。

（6）帮助农民评估和改进他们自己的决策能力对农业生产的看法。

推广工作不能也不应该顾及以上所述的所有方面，如果能够帮助农民解决其中的一个或几个问题，其余的也许农民自己就能解决。也许只要系统地列出和分析难题就足够了。而在其他的一些情况下，或许只要向农民提供其所缺乏的信息就足够了。所以推广组织在决定向农民提供帮助时，首先必须分析农民所面临的实际情况。

农业推广是由某一组织所实施的一类有计划的知识、技术转移或改变农村人们看法的活动，这类组织的目标是实现某种类型的农村发展。

20世纪80年代中期以后，公共农业推广服务体系的发展出现了转折性的变化。不管发达国家还是发展中国家，公共财政支持的农业推广组织不再增加了。农业推广渐渐地被定义为一类多样化的技术转移和农村发展活动。在许多情况下，需要重新考虑曾被认为是属于公共领域体系的技术转移。这样的变化需要重新审视公共领域的农业推广技术扩散体系。

总结以上的观点，我们可以勾勒出对农业推广服务的一般看法。

第一，农业推广服务向受体（农民/农民组织）所提供的主要是物化技术及其所承载的知识和技能与相关的信息（包括生产管理信息、市场信息、来自各级政府及其他涉农组织的政策性信息等）。

第二，农业推广活动本身不仅仅是一种简单的农业技术转移与扩散及相关信息发布过程，而是农业推广服务人员与农民或农民组织之间的一种双向信息交流过程，农民或农民组织并不是一个被动和推广服务接受者，同时也是推广活动的积极参与者（Positive participants）。这样一种推广服务通常被称之为参与推广（Participation extension）。

第三，农业推广服务并不单纯提供技术指导与相关的知识与信息。除此以外，还要帮助农民对在生产过程中所遇到的技术、经济难题进行评估与分析；帮助农民对所需要的适用技术进行选择与判断，并做出合理的决策。

农业推广（Agricultural extension）与农业技术推广（Agricultural technology transfer）、及农村推广（Rural extension）在内涵上有一定的区别。三者不混为一谈或相互替代。

农业技术推广所强调的是通过技术示范、教育、培训等途径实施农业技术转移以及相关信息扩散与传播。

农村推广应该被看作是农村发展的一种手段或工具。推广只不过是许多大量综合性农村发展手段中的一种。而这些手段应该导致农村发展。在许多国家里，综合的农村发展包括了农业研究和教育系统，这些都在某种程度上与农村发展紧密联系。进一步综合的农村发展要求信贷服务、投入供给、农产品加工与贮藏、农产品市场体系、交通运输与道路设施、水资源利用、土壤改良、良种繁育等。

从农业技术推广到农业推广，进而向农村推广的演变，反映了农业生产过程中的推广活动，不仅要考虑技术改进和产量的增加，还要考虑推广服务的综合性程度，非农业技术因素（农业中其他生产要素的供给与服务）以及农民的参与程度，以及由此而带来的农业增长、农民收入水平的提高，自然生态环境的保护与利用，乃至整个社会福利水平的提高以及农业的可持续发展。

二、现代农业推广体系的演变

从世界范围内农业推广制度变迁的历史考察，大致上可以分为三个阶段。如果以参与推广工作的行为主体不同来区分，可以描述为：志愿行动阶段、政府行为（公共农业推广服务体系）阶段和多元主体参与阶段。

1. 农业推广志愿行动阶段（19 世纪中叶至 19 世纪末）

早期的推广实践同样可追溯到 19 世纪中叶，当时一些乡村工作者和大学讲师被安排到农村去与农民一道工作。在法国，最早的乡村巡回农业教师出现于 19 世纪的 30～40 年代。在德国，“巡回农业讲师体系”始于 19 世纪 50 年代并对邻国的农业推广工作产生了强烈的影响。在爱尔兰，1847—1851 年，通过安排“巡回乡村工作指导者或讲师”试图减少土豆减产带来饥荒的危机。在英国，推广实践首先始于 1867—1868 年。当时，一位来自 Trinity college，Cambridge 的教师 James Stuart，向英格兰北部的妇女联合会和职业男人俱乐部所发表的讲演。Stuart 因此被认为是“大学推广”之父。1871 年，Stuart 与剑桥大学当局交涉，呼吁大学当局组织推广讲演中心，在大学的指导下开展工作。剑桥大学于 1873 年正式建立了推广系统，随后伦敦大学和牛津大学也分别于 1876 年和 1878 年建立了推广系统。到 19 世纪 80 年代，这项工作逐渐演变为“推广运动”，大学也将其推广活动扩展至校园以外的地区。英国于 19 世纪最后 10 年在每个郡建立了“巡回讲师”制度（Jones，1981）。

2. 农业推广政府行为阶段（20 世纪初至 20 世纪 70 年代）

从世界范围看，农业推广机构诞生的历史并不长。制度化的农业推广工作主要出现在 20 世纪（Axinn and Thorat，1972）。由一些涉农组织和团体支持或赞助的推广工作变成为结构化组织，特别旨在向农民提供信息和建议。1893 年，日本首先建立起了国家农业推广体系，接着是美国。大多数国家的农业推广体系是在第二次世界大战后才形成的。一些国家和地区首次出现公共农业顾问组织时间如表 1－1 所示。

表 1－1　一些国家和地区首次出现公共农业推广体系年份一览表

国家（地区）	出现年份（年）
日本	1893
美国	1914
英国	1946
以色列	1948
印度	1952
巴基斯坦	1952
阿拉伯联合酋长国	1953

续表

国家（地区）	出现年份（年）
荷兰	1953
尼日里亚	1954
中国台湾	1955
巴西	1956
比利时	1957

资料来源：Axinn and Thorat（1972）

第二次世界大战后建立农业推广体系的主要促成因素有：

（1）战后发展起来的技术援助项目强调农业增长，因而需要建立推广机构作为农业增长的促进机构。

（2）由于经济发展需要外汇，出口农产品供不应求，需要通过技术推广来增加现代农业投入从而增加农业产出以支持进口替代和工业化的发展。

（3）战后许多新独立国家的政府深感需要一种推动力来促进农村产业的发展，因而在重组当时的农业部机构时设置了推广机构。

（4）广大发展中国家的农牧民需要从政府那里得到更多的服务。

（5）经济发展和贸易增长使农业发展及推广工作的开展有了财政上的保障。

（6）当时已经存在大量的科研成果与信息，只需有效地传播，即有可能大大促进农业的发展。

（7）交通运输、通信及大众传播技术的发展使推广服务有可能实现较高的效率与效益。

许多推广组织建立以后经历了若干次重组，它们的结构、功能甚至名称已经发生了显著的变化。FAO 在 1988/1998 年度对全世界 113 个国家的 207 个农业推广组织所进行的调查中，其中 50% 被调查的推广组织目前的组织形式是在过去 20 年里建立起来的。调查还显示，86%为政府农业推广组织，而私人农业推广组织（如商业性农业推广组织）显然缺乏代表性。

3. 多元主体参与推广服务阶段（20 世纪 80 年代至今）

发展到20世纪80年代，随着发达国家农业在国民生产总值中所占份额的不断降低，经济结构的调整，以及全球农产品贸易市场形势变化和一体化程度加深，农产品补贴制度发生变化等，农业推广工作在推广理念、经济及技术层面不断发生变化。公共部门农业推广体系发展面临着一系列危机：第一，随着公共部门的推广工作内容与范畴不断拓展，财政负担不断加重，高素质的人力资源短缺。第二，推广组织能力不足，推广实践不能有效地发挥作用，许多推广服务建议不能被农民所采用，特别是在农村环境保护方面。农民对于现有农业推广服务多持否定的看法。第三，理论危机，在摈弃传统的农业推广服务体系同时，却缺乏被广泛认可的替代方式。使公共部门农业推广体系缺乏针对性、足够的影响力，运行效率和效益低下，并较少考虑社会公平因素。第四，随着农业推广服务主体提供多元化特别是私人部门的介入，面临着日益严重的资源竞争压力。

公共部门农业推广体系因此不断受到政治家和经济学家的严厉抨击。受指责的主要原因在于公共部门的农业推广服务缺乏针对性、影响力、效率和效益，而且推广项目对公平因素重视不够。同时还面临着来自私人部门的竞争压力。对此，各国纷纷作出不同反应，归纳起来主要是两类：

（1）完善既有的公共部门的推广体系，使之重新获得活力。

（2）公共部门的推广服务一分为二，不断提高商品化与私有化的比重。

于是，农业推广在全球范围内进入转轨时期，要求在结构、财政及管理上实现突破，讨论的热点问题主要在于结构分权、费用分摊、成本补偿、用户参与等。由于公共部门的推广工作面广、财政负担较重、高素质人力资源短缺、组织能力不足，致使农业推广工作在意识形态、经济及技术层面上发生了较大的变化，因而分权的呼声越来越高，现已成为国际农业推广改革的主要和最新目标。

分权战略的实施。分权是指计划、投资、决策和管理等职能及制度安排从中央政府及其所属机构转移到地方基层组织、政府下属单位、半自主性质的公共机构、区域发展组织、专业化的职能权力机构或非政府组织。其实，对推广管理而言，分权并非新鲜事。历史上有很多国家早就是分权体系，例如加拿大、德国、印度、美国等。而有些国家原来是中央控制的，但近年来也逐步实行分权战略，例如澳大利亚、哥伦比亚、墨西哥、荷兰、英国等。分权通常是同减轻财政负担及其他压力联系在一起的。各种负担与压力促使人们进行以下四个方面的思考：

一是减少公共农业推广服务体系支出的可行性；二是改变税收政策的可行性；三是公共农业推广服务体系中引入成本补偿制度的可行性；四是在一些可获得私人部门所提供服务的领域撤出公共农业推广服务体系的可行性等。

由此而形成的政策取向主要涉及以下几个方面：通过改革财政与投资制度进行费用分摊（例如成本补偿）；通过结构调整来分解公共农业推广服务体系的职能（如实施部门公共农业推广服务体系私有化改制）；大力提倡用户参与促使其承担相应的责任，并实现推广目标。在财政支持公共农业推广服务体系的若干形式中，占主导的发展趋势是多渠道筹措经费。在一些发展中国家，已经建立了公共和私人农业推广服务体系的协调机制；调动私人农业推广服务体系的积极性，鼓励农民合作组织发展，推动公共农业推广服务体系私有化。

这在各个国家有不同的做法，在中央集权制国家和联邦制国家推广结构分权的主要形式如表1－2所示。

表1－2　中央集权制国家和联邦制国家推广结构分权形式

集权制国家	联邦制政府
权力分散（权力部分地分给各分支机构）	集权联邦制
二元结构（政府/农民组织）	二元联邦制
权力转移（给地方政府）	合作联邦制
授权（给独立的附属机构）	
商业化（政府商业化机构）	
私人化（私人部门）	

资料来源：高启杰（2000）

在集权制下各种分权形式的具体做法是：

（1）权力分散，即中央政府的权力通过财政转移、地方合作、区域管理、省级发展计划等途径部分地分散给下属各分支机关，例如比利时、英国、印度尼西亚等。

（2）二元结构，即权力由政府和农民组织共享（如挪威和瑞典），或中央政府与地方农民协会等实体合作（如日本、韩国和中国台湾省）。

（3）权力转移，即投资和管理权部分或全部转移到地方政府，或者把权力转移给农民协会，如丹麦、芬兰和法国。

（4）授权，即将权力授给私人实体或独立的附属机构。

（5）商业化，即权力由政府的商业化代理机构享有，如新西兰。

（6）私有化，即政府放弃对农业推广的投资管理权，将权力大部分或全部转移给私人部门，这种做法在一定程度上减轻了政府的财政负担，同时提高了推广服务的效率与效益。

在联邦制下各种分权形式的具体做法是：

（1）集权联邦制，权力主要由联邦政府控制，如澳大利亚、墨西哥和巴基斯坦。

（2）二元联邦制，权力由联邦政府和省（州）共享，如加拿大、德国和印度。

（3）合作联邦制，权力由联邦、州、地方政府共享，如巴西、瑞士和美国。

除了这三种结构外，在实践中联邦制政府也会采取授权、私有化、商业化等措施，或者制定与集权制政府的措施相类似的其他策略。

尽管在不同的国家里，推广结构的分权形式不一样，但基本的战略措施主要有以下几方面：重振公共农业推广服务体系；公共农业推广服务体系商业化，即建立使用者支付的推广服务体系；推广服务成本补偿途径；优惠制度，即对接受私人部门提供农业推广服务的农民，政府在承诺给予贷款时，确定一定的比例用于农业推广服务；渐进的公共农业推广服务体系私有化等。

在这些措施中，值得一提的是私有化与商业化，这是分权的极端形式。目前，世界上有许多发达国家农业推广机构实行了私有化与商业化。严格地说，私有化与商业化是不同的。私有化是指将有关农业推广资助和服务提供方面的全部或大部分责任与权力转移给私人实体，政府仅具备部分管理性职责。在推广工作中，对提供的推广咨询业务要收回成本或将其服务商业化，提供服务机构的目的是实现利润最大化。推广活动的商业化是指原先由政府无偿提供的服务，现在由用户支付费用。例如，新西兰政府决定从 1984 年起，逐步削减推广投入，这样 1990 年的农业推广投入资金仅有 1986 年国家拨款的 2/3。通过商业化的做法鼓励农业科研及推广部门寻找客户与市场，以弥补财政资金削减后的经费缺口。

推广的私有化与商业化能大大调动推广人员的积极性，充分利用资源，使推广工作更具针对性，从而提高效率与效益。但也有不足之处，主要在于：一是各推广机构之间的高度竞争可能导致原国有推广机构信息交流功能大大降低；二是用户同推广机构与人员之间的“买卖”关系会降低用户反馈信息的积极性；三是私有化后的推广机构面对市场经济环境，提供服务时要追求利润最大化，因而会忽略推广在能源、环境、人力资源培训等方面的服务功能；四是贫困的农民可能难以支付购买服务所需要的费用。

三、农业推广服务的制度安排

随着对农业推广概念认识的不断深化与推广实践在各国的展开，特别是经历了农业推广服务体系一百多年以来的演变，有关农业推广服务的制度安排、推广路径选择以及参与推广活动的行为主体之间相互关系等的研究一直是农业推广理论研究工作者十分关心的问题。随着世界范围内农业与农村发展、农业科技进步，对农业推广服务的研究也进一步深入，特别是在农业推广服务的制度创新方面。

1. 农业推广服务制度安排不同类型

(1) 国家间农业推广制度差异

自20世纪初以来，已经有大量农业推广组织形式出现在不同的国家里，而且在很大程度上各种农业推广组织在不同的国家里有不同的制度形式。在概括和提炼共同特征以及基于不同的标准分类的基础上，推广研究领域已经出现了大量比较研究。首先开展这方面研究工作的是 Axinn 和 Thorat（1972），他们研究收集了20世纪60年代包括印度、英国、日本、以色列、丹麦、中国台湾省、美国、巴西、阿拉伯联合酋长国、澳大利亚、巴基斯坦和尼日利亚等12个国家和地区的资料，旨在勾勒和比较不同国家的公共农业推广制度安排异同之处，从而总结出能够适合不同国家和地区，不同时间使用的公共农业推广制度安排。这些被选取的国家在地理位置、气候

条件、历史、文化、农业生产方式和经济发展程度具有很大的差异性。在结论性分析中，作者（Axinn 和 Thorat，1972）认为：尽管“所作的比较旨在从适合于世界范围内国家或地区级水平农业推广服务体系中，分析某一特定国家或地区的农业推广服务体系特征，但并没有获得被广泛认同的农业推广服务模式。”

不管怎么说，作者已经概括出大量“与农业推广活动密切联系的人类行为准则”，这些“将有助于作为从事农业推广活动的行动指南”。这些基本准则主要涉及推广的功能，成功的农业推广项目标准，基层农业推广机构的功能以及联系推广服务对象的过程等。上述作者还得出结论认为不同国家农业推广系统的多样性与其说反映在农业推广活动功能上，不如说更多地反映在农业推广活动的组织形式上。当然这仅是指所研究的公共农业推广服务体系而言。

（2）依据不同推广目标与推广途径的农业推广制度安排

许多研究者已经指出推广组织之间的巨大差异，因此而导致了大量的推广类型学和分类学的发展。W. M. Rivera 教授在总结前人研究的基础上，提出的关于农业推广组织看法将有助于我们更清楚地了解推广组织之间的差异性。

考虑大量与特定推广组织制度化安排相联系因素，W. M. Rivera（1988）首先识别了在同一农业推广组织内的三个同时具备目标定向：

一是就农业本身发展而言，推广的目标定位于改进农业生产。

二是在农村社会发展方面，推广的目标定位于推动农村社区农业和非农产业的发展。

三是在广泛的、非正规的继续教育和社区教育方面，强调的是向推广服务受众提供非正规的继续教育。这类群体可能是来自农业生产部门，也可能是来自农村非农产业部门或城市中的涉农部门。

随后，W. M. Rivera（1989）又在 Lele（1975），Oxenham 和 Chambers（1978），Orivel（1981），Ray（1985），Pickering（1987）和 Weidemann（1987）等的关于各类农业推广途径研究基础上，总结提出了四种农业推广服务途径：

一是自上至下的农业推广扩散服务（Top-down delivery services）：农民仅是接受农业推广服务或者在实施推广项目时根本不把他们考虑在内。

二是参与—获得推广系统（Participatory-acquisition system）：农民能够影响或控制推广项目。

三是契约农业系统（Contract farming system）：农民必须按照推广人员所提供的建议进行农业生产的决策。

四是农村发展/推广（Rural development/extension）：这方面除了联系农业生产的目标外，还有大量的非农目标，因此可能采用多种不同的途径。

根据以上的分类，Rivera（1988）接着设计了一个框架结构，将以上四种推广途径与四种农业推广制度安排联系起来，这四种农业推广制度安排分别是公共农业推广服务；双边农业推广制度；协调的农业推广制度和私人部门农业推广制度，后者又可进一步细分为盈利性质、成员制（如农民协会）和非盈利性质等三种制度安排（表1－3）。

表1－3　农业推广制度安排，推广途径及与农民的联系情况

农业推广制度安排	推广途径	联系农民的情况
公共农业推广服务制度： 1. 农业部系统的（包括田间服务）	农业推广扩散服务 （非强迫性）制度安排 制度安排1	接受或忽视
双边的农业推广制度： 2. 农业部和农民组织（双向控制推广服务）	参与途径	接受或要求有新的技术包或农业推广项目

续表

农业推广制度安排	推广途径	联系农民的情况
协调的农业推广制度： 3. 农业部（或半官方的），可以是公共部门或私人部门	（共担责任） 制度安排2，4B和4C	
私人部门农业推广制度： 4A. 盈利性质： 国内企业 合作组织 跨国公司 4B. 成员制： 农民协会 4C. 非盈利性质 非政府组织（NGOs）	契约农业系统 （强迫性） 制度安排3和4A	接受或其他形式

（3）依据不同农业经营类型的农业推广制度安排

Rivera（1988）同时还提出，不同类型的农业推广制度安排与不同推广目标群体的不同需要相联系。表1－4显示，根据大型农场、中型农场、小农经营和生存农民经营等四种类型农业组织的不同需求，相应出现的四种不同推广制度安排。

表1－4　农业经营类型及对农业推广服务的需求与相应推广制度安排

农业经营类型	需求	农业推广制度安排
大型农场经营	新技术	商业团体提供农业推广服务 私人部门农业推广服务 公共部门提供的成本补偿型农业推广服务
中型农场经营	新技术、农场管理、农产品加工管理	私人部门农业推广服务 公共部门提供的最终成本补偿型农业推广服务
小农经营	需要评估、低技术、农业管理和组织技能	公共农业推广服务 合作社内部的农业推广服务 农民协会提供的推广服务
生存状态农民经营	需要评估、低技术、组织技能	公共农业推广服务

资料来源：Rivera（1988）Rivera and Gustafson（1991）

(4) 依据不同资源生态条件的农业推广服务制度安排

Rivera（1988，1991）还援引 Gupta（1987）矩阵分析研究成果，提供了一种联系生态条件分析农业推广制度安排的思路(表1－5)，显示了自然条件对农业推广制度安排选择的影响。

表1－5　不同自然条件下联系产量与风险的农业推广制度安排类型

	稳定/低风险的	可变/高风险的
低产量	雨灌地区 公共农业推广服务系统	生态环境恶劣地区 公共农业推广服务系统
高产量	灌溉区 (强烈的市场趋向) 私人或公共农业推广服务系统 (成本补偿)	使用高产品种地区 合作社/农民协会提供的农业推广服务

资料来源：Rivera（1988）援引自 Gupta（1987）

以上讨论说明，至少五个重要的因素影响农业推广制度安排。第一，农业推广制度可定位于适合不同的自然资源条件所提出的要求；第二，农业推广制度与其目标群体之间可以有不同的联系方式；第三，农业推广制度受到具有不同动机的不同团体的控制；第四，农民群体基于自然资源条件所提出的不同需要可以由不同的农业推广制度安排予以满足；第五，任何合适的推广途径、目标定位和推广制度安排都要受区域特定的经济、文化与生态条件等的影响。此外在农业推广制度选择上，还要考虑农业技术的属性。

2. 不同制度形式的农业推广服务体系之间相互关系

Rivera and Gustafson（1991）指出，在复杂多变的农业推广服务组织中，不同制度形式的农业推广服务体系应该更多地被看作是合作或互补的关系，而不应看作是单纯的竞争者。这说明，尽管农业推广服务的目的、所实施项目的目标、内容和方式是多样的，但并不排除不同制度形式之间的竞争或合作关系。在尼泊尔的一项实证研究分析了各类农业推广组织，包括政府农业推广组织（GO），非政府农业推广组织（NGO）、私人农业推广组织（PO）等在参与乡村农业推广工作过程中不同的合作伙伴关系对农业推广工作效率与效益的影响。该项研究得出以下结论：一是各类组织合作比不合作在影响农民选择优良品种方面更富有效果。二是在各类组织的合作中，GO + NGO 和 GO + PO 这两种合作伙伴关系比其他模式在实施农业推广工作时更有效（表 1 -6）。三是这种合作伙伴关系还具有技术上的专属性，如果把农业技术分为高成本技术（如杂交种子及相应的技术）和低成本技术（如普通种子使用及相应的技术），则高成本技术的采用通常发生在 GO + PO 中；而低成本技术以及地方适宜技术的采用通常发生 GO + NGO 中（表 1 -7）。此外，合作伙伴关系对农业推广效益与效率的影响还与农户经营规模有一定的关联性，在富于效率的合作中，GO + PO 经常偏向于经营规模较大的农户，而 GO + NGO 则更倾向于小的经营规模的农户（表 1 -8）（G. P. Ojha，2000）。这一点印证了前面 Rivera（1988）的研究结论。

表 1 -6　七种制度安排类型的效率

制度类型	采用技术农户数量	农户数量	采用比例（%）
GO	7	154	4.6
NGO	17	287	5.9
PO	5	209	2.4
GO + NGO	22	271	8.1
GO + PO	52	311	16.7
NGO + PO	14	198	7.1
GO + NGO + PO	6	326	1.8

表 1 -7　采用技术农户、技术类别与制度类型关系

制度类型	采用技术农户数量	高成本技术（%）	低成本技术（%）
GO	7	100.0	0.0
NGO	17	100.0	0.0
PO	5	40.0	60.0
GO + NGO	22	90.9	9.1
GO + PO	52	11.5	88.5

续表

制度类型	采用技术农户数量	高成本技术（%）	低成本技术（%）
NGO + PO	14	85.7	14.3
GO + NGO + PO	6	83.3	16.7

表 1-8　采用与不采用技术农户经营规模的区别与制度类型关系

制度类型	平均农户经营规模			t 检验值
	技术采用者	非技术采用者	量差	
GO	1.17	0.69	0.48	0.125
NGO	0.51	0.37	0.14	0.185 2
PO	2.40	0.77	1.63	0.008 7**
GO + NGO	0.89	1.04	-0.15	0.611 0
GO + PO	1.23	0.76	0.47	0.047 0*
NGO + PO	1.08	0.58	0.50	0.085 6
GO + NGO + PO	2.02	0.62	1.40	0.049 7*

注：** 显著性水平为 0.001；* 显著性水平为 0.05

3. 新的发展趋势：多元化农业推广服务制度安排

自 20 世纪 80 年代中期以来，随着全球范围内公共农业推广服务私人化进程的加快，对私人部门所提供的农业推广服务制度安排的研究与实践日趋增加。一般认为，由私人部门所提供的农业推广服务是基于私人市场的运作更富效率的基本原理。从经济角度分析，在大型农场占主导地位的发达国家里，技术现代化和工业化农业发展是由非政府的产业组织所推动的。私人部门所提供的农业推广体系服务更有效率；服务质量较高，同时也能降低政府公共支出。但农业推广服务私有化的弱点也非常明显，特别是在发展中国家，如在非洲，由接受农业推广服务的农民来承担推广经费根本就不可能，即便如此，如何收取费用以及如何建立成本核算程序以确定一个合适的收费标准也是十分困难的。世界上两个公共农业推广部门私有化改革走在前列的国家荷兰和新西兰的实践也证实私有化所带来的否定方面的结果。第一个趋势是削弱了农业推广组织与农民信息联系与交换；第二个趋势是进一步加剧了拥有大型农场的商业化农户对小农的损害，淡化了农业推广服务的公共物品属性，与此同时，促进了农业推广服务进一步向可出售的商品概念的形成；第三个趋势是农业推广服务正逐渐地主要面向大型农场和商业化程度比较高的农户。

对公共与私人农业推广部门的合作是否能达到理想的效果，在农业推广研究工作者中一直有不同的看法。R. Q. Huang（1992）分析了农业推广在荷兰西部温室蔬菜生产部门的合作水平后，认为在荷兰农业推广部门实施私有化以后，由公共和私人农业推广部门（GO + PO）所组成荷兰农业推广信息系统中高水平的合作已不复存在。整个系统更加商业化的趋势已经使推广人员和其服务对象之间关系趋于紧张。因为这个系统正在变得更具封闭性，所提供的农业推广信息也变得支离破碎。过去习惯于在学习组织会议（Study-group meeting）上共享农业推广方面信息的农民们现在变得不愿意参加这样的活动。尽管荷兰政府在农业推广私有化方面的目标实现了，但农业推广服务离农民却更远了。

美国国家农业部的技术评估办公室在一份报告中则认为，农业推广服务作为公共物品的概念，提出了一系列问题。如政府的作用问题；农业推广服务的私有产权问题；公共部门农业推广服务的对象与目的问题等。当所提供的农业推广服务数量与质量只是根据其直接成本和利润来衡量时，它也就不再成为公共部门所提供的“商品”了。另一个重要问题则是：是否或者在何种程度上私人农业推广服务以及市场化农业的发展将给予农业生态、环境以及农业可持续发展优先性关注？

因此，尽管农业推广服务制度安排的私有化在发达国家和经济转型国家发展较快，但对农业推广活动私有化的争论一直没有停止过。

近年来，寻找更合适的制度安排，以适应不同国家、不同的经济制度、不同的农业生产条件、不同的目标群体、不同的推广途径的观点，回应正在进行的有关创造性地使用私人农业推广服务取代或补充公共农业推广体系的争论。尽管在公共农业推广部门应如何发展作用的争论中，农业推广服务私有化代表一种观点。正如 Wise（1990）所指出的，“农业推广服务私有化并不是一种简单的战略，公共农业推广部门的职责并没有消失，他们所需要的仅仅是变化”。关键的问题不在于是否应将某一种功能赋予公共或私人农业推广组织，而在于公共和私人农业推广部门需要什么样的组合或合作；在于公共和私人农业推广部门什么样的制度安排能够达到最有效率与产出。

新的发展推动了农业推广服务制度安排的多元化。农业推广制度现在已被认为是混合的制度安排，农业推广服务的供给涉及公共与私人推广部门等多个组织。这种混合的制度安排与运作方式对政府管理部门潜在的作用与职责提出了新的挑战。一个基本前提是作为政府政策的制定者在计划资源配置或寻找替代公共农业推广部门的推广资金来源时，必须重新考虑农业推广制度安排的多元化因素。

四、简要的述评

对世界范围内农业推广服务制度变迁的简要回顾，可以形成以下几点认识：

第一，自 20 世纪 70～80 年代以来，第二次世界大战以后广泛建立起来的国家公共农业推广服务制度正在面临较严重的生存危机与信任危机。导致危机的根源既来自于政府方面（农业推广服务供给方面公共支出的减少），也来自农业生产经营者方面（现有农业推广服务不能满足其不断变化的对技术及其相关联的知识与信息的

需求），还来自于农业推广人员自身（经费紧缩与激励机制的缺乏）从而引发了改革现有农业推广制度安排模式的客观要求。

第二，从农业推广服务制度的分权改革到私人农业推广服务体系的兴起，既反映了在新的农业发展形势下，人们对多样化的农业推广服务制度安排的客观要求，也不难看出各国政府难以持续地用公共支出支撑公共农业推广服务制度运行的尴尬境地。

第三，考虑农业推广服务途径、目标以及推广服务对象的多样性，政府应该重新审视其作用问题。特别是在什么程度上，公共部门农业推广服务应该更加关注哪些被私人农业推广部门所忽视的目标群体？在什么程度上协调各类农业推广服务供给者的活动？在什么情况下，政府应该在农业推广组织之间发生冲突时起仲裁作用？在什么情况下，能够确保公共和私人农业推广组织有效地履行其职责？在什么程度上通过政府规章和信息提供来促进多元农业推广服务体系的正常运作？

以上问题从更深层次看，所涉及的是：农业推广服务究竟如何定性？政府应在多大程度上（公共支出的度量）承担起提供农业推广服务的职责？如果政府供给不是唯一最优的制度安排，那么还应该有什么样的制度安排满足农业推广服务最优供给？

第二章
农业推广服务的公共物品属性

一、关于公共物品理论的简要概述

根据物品是否具有竞争性和非排他性，可以将其分为四种类型：在消费上既具有非竞争性又具有非排他性特征的属于纯公共物品；在消费上具有非竞争性，但从技术上能够排他且排他所需要的成本不高的物品属于准公共物品（或称之为俱乐部物品）；在消费上具有竞争性，同时又具有排他性的属于是私人物品；在消费上具有竞争性，但不需要有较高的排他成本（或无排他性）属于公共资源。本文讨论的重点是纯公共物品与准公共物品的供给与需求问题。

1. 公共物品供给

公共物品的非排他性和非竞争性决定了公共物品应该由政府（公共部门）来供给，这是政府或公共部门应该成为公共物品供给主体的理论基础。但这并不是说只能由政府（公共部门）供给公共物品。考虑到公共物品的上述特性以及在消费过程中的外部性，只要公共物品的供给成本可以基本确定，就存在可以通过各种途径降低成本的可能性，这种可能性的存在就可以转化为和市场机制一样的激励机制。

第一，当公共物品由政府或公共部门供给时，在两种产品（同时存在公共物品与私人物品）的二维情况下，公共物品最优供给的一般均衡条件是：消费者的边际替代率之和等于生产者的边际转换率，即：$\sum MRS = MRT$。其帕累托最优状态将为由消费者边际替代率和所构成的社会福利无差异曲线与由生产者边际替代率所构成的生产可能性边界的切点，通常又被称为萨缪尔森条件。当消费者人数超过两人时，其一般均衡的条件可扩展为：

$$\sum_{i=1}^{n} MRS_{j,k}^{i} = MRT_{j,k} = MC_G/MC_X$$

其基本含义，是政府提供的公共品数量在边际产量上的边际成本要等于社会上每个人愿意为边际公共物品支付的税金的总和，否则就不是最优。

但这实际上是一种理想的均衡或称之为“萨缪尔森假均衡”。考虑消费者消费公共物品时的偏好显示因素，以及价格作为内生变量取决于个人的边际支付欲望，在公共物品政府供给的体制下，无论个人付费与否，他能得到的公共物品量总是相同的，因而他就可以掩盖自己的真正偏好，从而坐享由其他纳税人的支付所促成的供给，这就会出现“搭便车”。由于每个人都有低估其真正边际支付愿望的动机，政府公共物品供给的均衡水平将会远低于最优水平，造成公共物品的供给不足；另一方面，如要求每个消费者表达他的偏好，且满足这些偏好的代价与他们所表达的支付愿望无关，又会诱发夸大支付愿望的现象，结果导致政府公共物品的过度供给。造成资源的浪费。所以关键是政府要形成一种机制，使决策者贯彻效率条件。

第二，公共物品私人部门愿意供给。在公共物品中，如果供给价格低于成本，则总成本中就有相当部分不是由消费承担，而是由政府承担。也就是说，公共物品供给所形成的收入流来自两个大部分：一部分是消费者购买支出；另一部分是政府部门的补贴，它是国民福利的一部分，这两部分相加就等于一个稳定的购买价格。这个价格能够保证公共物品的正常生产与经营，并适当盈利。因此，在与消费者能够达成某种公共物品供给价格（消费者购买支出部分）上的某种妥协，同时又能获得政府在生产与经营公共物品时的一定量补贴情况下，私人部门也能参与公共物品的生产与经营活动。

因此，私人部门参与公共物品生产时，有效的资源配置水平，要求其行为的边际成本与其所产生的所有边际收益相等，在理论上获得帕累托最优的途径是引进纠正策略，即将其在实施行为时所产生的外部性内部化。其一是对外部经济的形成者进行补贴，补贴量相当于所形成的边际外部收益量。其二是外部经济形成者与被影响者之间的讨价还价（博弈）。这种情况特别发生在参与提供公共物品的不同私人部门在收入水平不一致，以及由此而引起愿意提供物品数量也不一致时。收入水平高的私人部门，即能够从公共物品生产中获得更多收益的私人部门更愿意提供公共物品。因为，此时所产生的收益外溢相对较少，能够在更大的程度上实现帕累托最优，同时与外溢收益受益者之间的谈判也较容易。

2. 准公共物品的供给

由于有些公共物品部分地具有不能满足共同消费的性质，即当越来越多的人消费该项物品时，所得的消费利益将会下降。此即所谓的公共物品“消费拥挤现象”。（如俱乐部成员对某项活动的消费，随着成员的增加，消费收益会下降）。准公共物品的供给分析不仅包括分析俱乐部产品或拥挤性产品的最优供给水平，同时也包括分析最优的使用者数量。因为拥挤意味着当使用者增加时，原来使用者的消费利益在给定公共产品供给水平时的前提下将会降低。

准公共产品供给最优条件的推导实际上就是对纯粹的公共产品

理论的一个直接延伸，满足前述的萨缪尔森条件。而确定最优的公共产品使用者数量的条件是：人均纳税额恰好等于边际拥挤成本（$-N \cdot MB$）。最优供给不但要求正确的产出水平也同样要求正确的使用者数量。这就是说，需要同时满足上述的萨缪尔森条件和上式给出的条件（$-N \cdot MB = C/N$）。如公共物品供给的边际成本为常数，总成本 C 将等于 $G \cdot MRTjx$，G 为产出水平。将此等式联合以上两个最优条件可得：

$$C/N = G \cdot MRTjx = -N \cdot MB$$

因此，存在着依靠市场机制来优化提供俱乐部产品或拥挤性公共物品的潜在可能性。如果排除非成员消费是可能的并且无需成本，如果供给这些产品的成本是不变的，人们可以完全依靠竞争的市场机制以最优的规模以及最优数量的使用者来提供这些产品，并且可以进而达到对整体人口而言是最优数量的公共物品。但如果排除非成员消费是不可能的（因此市场定价也是不可能的），如果相对人口而言最优设施数量过大以及缺乏相应的竞争环境，或者如果某项设施可以以递减的成本供给，那么将导致该种公共物品市场的失效。

3. 混合物品供给

混合品是既具有公共物品性质又具有私人物品性质的产品。如教育与保健等，它们既是个人投资（人力资本投资）的对象，又具有溢出效应，从而既要有个人付费，又需要社会支付部分成本来保证这类物品的有效供给。

二、农业推广服务具有公共物品属性

1. 农业推广服务的基本内涵

从前面我们对农业推广概念与内涵的探讨可以发现，农业推广服务，就其内容而言，不外乎三个方面：一是农业科学知识与信息的传播和传递，所涉及的主要是农业推广教育、咨询以及信息服务；二是农业技术转移与扩散，主要是物化的农业技术转移与扩散；三是农业技术产品的供给。对以上农业推广服务内涵三个方面的简单划分并不意味着他们之间没有必然的联系。实际上，农业科学知识与信息系统、农业技术以及农业技术产品之间具有高度的关联性和相互依存性。因此，所谓农业推广服务就供给的角度而言，是指向服务对象提供农业技术以及与之相关联的知识、信息和农业技术产品。这也意味着农业技术以及与之相关联的知识、信息与技术产品的经济学属性决定了农业推广服务的经济学属性。

（1）农业科学知识与信息系统

农业科学与知识系统作为农业推广服务的主要内容可以大致分为以下几个方面：一是与农业技术转移与扩散、技术产品使用有关的知识与信息系统，如各类农产品的生产、加工、贮藏、保鲜、运输等技术管理信息，新技术、新产品的使用技术；二是农业生产时空环境的知识与信息系统，如灾害天气预报、病虫害发生、发展、变化方面的信息等；三是农业生产流通等过程中的国内外市场供求信息系统等；四是国家和地区农业和农村发展方面的政策法规信息等。这些知识与信息有的属于无偿供给，有的则要在支付一定的费用基础上才能获得。从农户或农业生产经营者知识与信息来源看，也分为不同渠道：有的来自于政府或公共部门渠道，如灾害天气预报、农业和农村发展方面的政策法规信息等；有的来自于其他的农业生产经营者；有的则来自于大众传播媒体；还有的来自于农产品和农业投入品市场等。

（2）农业技术

①措施类技术。如种植业中的农作物高产栽培组装技术、保护地蔬菜综合生产技术、食用菌生产示范技术、（优质）水果（及蔬菜、茶叶等）无公害栽培技术、棉麦两熟模式栽培技术等；畜牧业

中的家畜生产模式化管理及配套增产技术、秸秆饲料技术、养猪、养鸡、养羊增产技术、高寒牧区羔羊、犊牛保育配套技术、牧草种植及利用技术等。这类技术采用环节多（即在技术的推广中要根据动植物生育期分阶段实施相应的各项技术措施），涉及要掌握的知识多，生产投资不多而应用效果一般较好，但出现问题的可能性也大。而且在采用过程中，技术的外溢性也较明显。技术产权不容易得到保护。

②可持续类技术。主要包括：种植业中的农业生态良性循环利用技术、农田节水保墒技术、秸秆还田及利用技术、旱坡地生物梯化技术、生物防治与应用技术等，畜牧业中的黄坡治理与饲草兼用型牧草种植示范与推广技术、集约化畜禽养殖场粪便处理技术、肉食类食品药残控制技术等；渔业中的以渔改碱、渔农结合，池塘养鱼技术等。这类技术的使用过程中具有极大外部性，一般以长期效益和社会生态效益为主，短期经济效益不明显，农民从中获益也少。属于需要政府全面支持的技术，主要服从于政府的政策目标（如改善生态环境）与农村整体发展的需要。

③服务类技术。主要包括：畜牧业中的猪、牛、羊新品种改良技术推广，家畜家禽疾病综合防治等；渔业中的鱼类种苗的繁育技术等；农机类所有技术的推广，如农田耕、整、收机械作业技术和农产品产地烘干和加工机械化技术。这类技术涉及人员多、技术掌握的难度大、投资大、风险也大，单个农户受资金投入能力和技术掌握能力的限制大。因此，该类技术一般推广工作量大、需要政府的支持多。这类技术以提供服务为特点。可以是公益性的，也可通过收费的方式。其推广对象不仅有提供技术的组织和个人，还有接受和采用新技术的广大农户。前者如农机技术推广主要是农机的服务提供者和在家畜改良中的技术操作人员等，后者有接受农机服务和改良服务的农户。因此，它与上述三类技术推广的不同之处：首

先在于这类技术培训的主体不只是普通的农户，而是提供技术产品或服务的组织如繁殖场、或专业户（如农机服务户）。其次是对技术的掌握要求较高。如人工授精技术，农机作业和维修保养技术等。第三是进行技术服务要求一定的条件，即它是借助机器设备的使用来体现这种技术的优越性，而且是一家一户农民难以自己提供或提供后也是不经济的。如进行人工授精要求必要的仪器设备和工作环境，进行农机服务要求购买先进的农机具等。第四是技术的保密程度相对高一些。

④高投入、高回报高风险类技术。主要包括：网箱养鱼技术、滩涂贝类养殖技术、工厂化农业生产技术、养殖名特优水产新品种技术、设施农业节本增效技术、良种家畜家禽新品种推广等。该类技术投入多、风险大，且技术掌握难度大，多涉及的技术知识复杂。一般而言，能达到一定的产权保护程度，收益也高。

（3）农业技术产品及其配套技术服务

又称之为物化型技术或产品类技术。作为农业推广服务的内容主要包括：种植业中的粮、棉、油等大宗农作物优良品种及其配套技术推广、优质高效肥料（包括新型植物调节剂）、地膜、农药等的推广应用；畜牧业技术中的优质饲料（包括鸡、猪、牛、羊用复合预混饲料、浓缩饲料、营养添块）及其综合技术推广、优质饲草的种植及开发利用、良种家禽、家畜及综合饲养技术推广等；渔业中优质渔饲料推广；鱼类（包括虾、蟹和贝类）名优品种及其饲养技术推广等。这些物资已经把所要推广的技术大部分物化在其中，农民通过购买和使用，就意味着新技术的采用。相对来说，这类技术产品在生产与消费上产权的排他程度较高，能够通过市场价格机制来实现供需均衡。

对农业推广服务基本内涵的分析有助于我们进一步分析其公共物品的属性。

2. 农业推广服务具有公共物品属性

（1）从一般科学技术的经济学性质来看，在技术商品化的背景下，农业技术创新过程的特殊性、农业技术推广与扩散过程的特殊性，也使得农业技术以及与之相关联的知识与信息具有公共物品属性。

（2）从农业推广的内容来看，对于物化的农业技术产品来说，由于其已经将技术物化于产品之中，实现了排他性和竞争性，可以通过市场来供给。农业技术大都具有公共物品的特征。即一般具有两大特征：非排他性和非竞争性。农业技术的非排他性必然会出现“搭便车”现象，但这正是农技推广所希望的技术扩散。

农业科学知识与信息的传播扩散更是具有明显的公共物品属性，例如以病虫害的预报来说，此外，这种信息也难以在技术上做到排他。此外农业教育也是准公共物品，在技术上很容易排他，但在达到拥挤之前，它具有非竞争性。

（3）从农业特殊的产业性质来看，农业推广服务通常是通过其需求主体——农民或农业生产经营者而应用于农业生产的实践中，以促进农业增长、农民增收和农村发展。因此，农业的产业特征在很大程度上决定了农业推广服务是否具有公共物品的属性。首先，农业是自然再生产与经济再生产相交织的过程，受自然再生产的客观过程和生态环境的制约，为全社会所共同享用。其次，从农业生产与经营过程看，农业生产单位具有高度的相似性，每一个生产者对科技的投资无法从其他受益者中得到补偿，消费也无法做到排他性，因此在很大程度上需要由政府增加农业科技投资和提供农业推广服务。最后，农业生产的成果——农产品，尤其是大宗农产品具有低需求弹性的特点，技术进步所带来的好处往往大部分为消费者所占有，由此也决定了农业科研和推广所产生的社会效益倾向于通过较低的价格转移给了消费者，而农产品的生产者和农业技术成果的提供者往往得不到相应的收益，这样私人就不愿意承担农业科研和推广，从而需要政府通过转移支付的方式予以支持。

（4）从农业技术的创新与交易过程中的特殊经济学性质来看，农业技术交易过程具有一定的特殊性，技术交易与瞬时完成的现货交易差别极大，它是一种面向未来的承诺交易，其完成通常需要延续一定的时间，而承诺是通过合约来体现和约束的，因此，农业技术交易过程中所存在的特殊性，反映了多数农业技术供给市场化安排存在一定的难度与非现实性。从而也从另一个侧面说明农业技术以及相应知识、信息与技术产品具公共物品的属性。

（5）从农业推广所产生的效益来看，农业推广不仅具有经济效益，还有社会效益和生态效益，从而产生效益外溢。技术创新过程受不确定性影响，其效益具有社会性。农业技术推广与扩散过程的外溢性主要是由于农业技术扩散与推广过程存在的示范与模仿效应、联系效应（后向联系与前向联系）以及人力资本流动所造成的。此外农业技术推广受地域环境、生产规模、农民文化科技素质等影响，这些因素造成农业推广服务的供给在很大程度上必须由政府部门承担。

三、农业推广服务的经济学分类

通过上面分析，从总体上看农业推广服务具有公共物品的属性，但这并不意味着农业推广服务就是公共物品，更不是说所有的农业推广服务都是公共物品。所以有必要从经济学中物品属性的角度，对农业推广服务进行进一步的科学分类，然后通过农业推广服务属性的不同来选择相应的供给主体，从而为多元化农业推广体系的构建与发展提供科学的依据。

根据科学与技术的经济学性质以及农业推广服务所涉及的内容

与范围，在市场经济的条件下，根据生产与消费的属性，农业推广服务可分为公共物品、准公共物品、私人物品和混合物品四种类型。

1. 作为公共物品的农业推广服务

公共物品具有非排他性和非竞争性，技术持有人难以独占技术或者说难以保守技术秘密，技术用户不用征得技术持有人的同意和不用支付价格就可得到或者应用此类农业创新成果，同时也不会因多增加一个消费者而减少其他消费者的消费，每个人的消费量和社会总消费量是相等的。而非竞争性延伸决定了非物化的特性，因此，公共物品的农业推广一般为非物化的公益性技术或信息，例如作物的栽培方式、农作物的病虫害预报等。公共物品的非竞争性和非排他性造成难以界定产权，从而导致了外部性和消费行为上的“搭便车”现象。因此一般认为，农业推广服务主要应该由政府或公共部门提供。作为公共物品的农业推广服务的供给如果由政府或公共部门供给时，其实现最优供给的均衡条件是政府或公共部门所提供的农业推广服务数量在边际产量上的边际成本要等于每一个享受农业推广服务的个人愿意为这一边际农业推广服务支付的税金的总和，另外还会出现“搭便车”的现象。因此如果低估真正边际支付愿望的动机（实际情况也往往如此）会造成农业推广服务的有效供给不足；而如果消费者表达的偏好并且满足这些偏好的代价与他们所表达的支付愿望无关时，又会造成农业推广服务的过度供给，造成资源的浪费。农村公共物品供给存在不足与过剩并存现象，不足主要体现在农业基础设施供给的不足和农业科技供给的匮乏及农村义务教育供给的不足。同时，农村公共物品的供给过剩主要包括：与政府政绩、利益挂钩的非生产性公共物品供给的过剩；臃肿的地方政府机构本身就是一种过剩的公共物品；农村公共物品供给结构不能反映农民需求的次序，事权（支出）不断由基层政府承担时，乡镇一级基层没有得到相应的财权（史耀波，2007）。

另一方面，根据公共部门经济学原理，农业推广服务的供给成本基本确定后，可以通过各种途径降低成本，因此可以转化为市场机制一样的激励机制，从而促使私人部门进入农业推广服务供给领域。私人部门参与农业推广服务生产供给时，有效的资源配置水平要求其行为的边际成本与其所产生的所有边际收益相等，而农业推广服务由私人部门供给的纳什均衡均小于帕累托最优供给。因此，在理论上获得帕累托最优的途径是引进纠正策略，即将其在实施行为时所产生的外部性内部化。一种制度安排是政府对作为外部经济形成者的私人部门提供补贴，在达到最优供给的均衡状况下，其补贴的量应等于边际收益量。另一种制度安排是在外部经济形成者与被影响者（受益者）之间的讨价还价。这种情况特别发生在承担农业推广服务供给成本的不同私人部门在收入水平不一致，以及由此而引起所获得的农业推广服务数量也不一致时。收入水平高的私人部门，如大型农场，既能够从所提供的农业推广服务中获得更多收益，所产生的收益外溢相对较少，又能够在更大的程度上实现帕累托最优，同时与外溢收益受益者（如小型农户）之间在分担农业推广服务成本时的谈判也较容易。

2. 作为准公共物品的农业推广服务

如前所述，准公共物品的最优供给不但要求正确的产出水平也同样要正确的使用者数量。而满足最优的公共物品使用者数量的条件是：人均承担的公共产品供给成本应恰好等于边际拥挤成本。因此，存在着依靠市场机制来优化提供准公共物品的潜在可能性。

某一个农业经营组织，例如农村合作经济组织或当前比较流行的“公司+农户”经济联合体，可以看作是一个“俱乐部”，在一定条件下，某些农业推广服务的供给可以做到只局限在经济组织或经济联合体内部（实施一定的排他产权行为是可能的，且实施的成本不高）。即这样的产品或服务仅仅局限在其全体成员消费，且每个成员必须遵守俱乐部规则，加入俱乐部要具有某种资格。另一方面，由于农业上，推广使用某项技术可能会迅速提高某类农产品的产量，由于大多数农产品的需求弹性较小，在一定的规模水平下，每增加一个该项农业推广服务的消费者，虽然不会增加其他人的生产可变成本，但却从整体上增加向市场所提供的农产品数量，当农产品供过于求时，将增加该类农产品进入市场的风险成本，并最终致其他人的实际收益水平的下降。这说明，在俱乐部成员界区内，单个成员对作为俱乐部产品和农业推广服务的消费到一定程度时会影响或减少其他成员的消费收益。因此，如果农业推广服务的供给成本是不变的，人们可以依靠竞争的市场机制以最优的规模以及最优数量的使用者来提供农业推广服务，从而使农业推广服务的使用者能获得最优收益水平。

3. 作为私人物品的农业推广服务

虽然，从总体上来说，农业推广服务具有公共物品的属性，但随着农业技术的进步以及与之相配套的专利制度与知识产权保护等法规的实施，并不排除还有部分农业推广服务由于具有产权的可界定性，和消费上的可排他性而被列入私人物品的范畴。私人物品在生产与消费上的高度排他性和竞争性使得私人物品的供给与消费完全可依市场机制来实现资源的优化配置。私人部门因此可以成为提供这类农业推广服务的市场主体。例如作为农业高技术产品的杂交水稻与杂交玉米种子以及相应技术推广服务的供给都可以由私人部门来进行。理论上，这样的私人部门包括民营企业或个体经营者、实行股份制改造后的国有企业，以及转制后的科技机构等。其最优供给点就是达到供给与需求的一般均衡点。

4. 作为混合物品的农业推广服务

混合品是既具有公共物品性质又具有私人物品性质的产品。它们既是个人投资（人力资本投资）的对象，又具有溢出效应，从而既要有个人付费，又需要社会支付部分成本来保证这类物品的有效供给，这类农业推广服务主要由教育机构与研究单位等非盈利的社会公益类机构来承担。农业推广服务内涵中的推广教育与人力资源培训等提供属于混合产品属性。构建其最优供给的基本条件：一是政府的必要投入（如基本教育设施、师资以及培训等），但同时，被服务对象（即受教育与培训者）也必须支付一定的费用，因为这是对个人将来受益的人力资源投资，作为投资的回报，需要支付一定的费用，否则就会造成供给不足。

四、简要小结

第一，无论从理论还是实践的角度看，政府公共部门都应当是农业推广服务供给的主体。目前我国小生产条件下农业技术的保密性差，农村仍将实行以家庭承包经营为主的经营体制，加之农业技术市场没有得到充分发育、农业知识产权保护体系不健全，诸多农业领域的科技投资靠企业无法达到最佳的投入水平，因此很多农业技术的推广还不能市场化。因此政府或公共部门要形成一种机制：一是要根据不同经济发展阶段的农业技术水平，恰当地评估农业生产与经营者对农业推广服务的真实需求和偏好程度与水平，以需求为导向，作出合理的推广服务供给安排，特别是投资安排；二是要充分考虑政府或公共部门在农业推广服务供给时消费上的非竞争性和非排他性等属性，建立政府的收入支付转移与价格补贴制度，确立政府在农业推广服务供给上的主导地位。

第二，鼓励有一定经济规模与实力的私人部门在推进企业内部技术创新的同时，向农村社会提供农业推广服务。在一般情况下，像大型农场或者农业企业这样的私人部门，比小型农户如生存状态农户更愿意购买有偿农业推广服务（包括技术培训）。对其中所产生的收益外溢，可通过三种途径解决，一是通过政府补贴等形式得到补偿；二是私人部门通过市场谈判与讨价还价等形式与农户达成农业推广服务供给的成本补偿协议；三是私人部门通过产业链延伸等方式将小型农户吸纳进入一体化的农业企业内，达成包括生产技术指导、产品销售等内容在内的契约，使农业推广服务供给过程中的收益外溢内在化。

第三，利用私人和民间团体资本供给准公共物品，支持各类行业协会和农民合作组织提供公共物品。可以采取两种方式进行对于那些由于私人供给造成收益小于成本，从而导致私人供给无效率的公共物品，政府应给予一定补贴：一是政府可以制定优惠政策，吸收和鼓励私人资本在农村地区投入生产和提供这类准公共物品，可以通过承包、租赁和托管等方式在政府和私人之间签订经营合同，按照政府所代表的公共意图来经营；二是对可以进行排他性消费，且排他成本不高的准公共物品通过向消费者收取较低的费用来弥补排他成本，优先支持农民发展各种专业协会，通过专业协会的发展来推动综合性农民协会组织的形成。优先发展农村专业协会，将目前政府直接调控农户变为政府通过专业协会间接调控农户这既有利于农村经济的平稳发展减少农产品供给和农民收入增长的波动，也有利于切实有效地精简基层政府机构，减轻各级政府的财政供养压力。另外，农民专业协会的发展还有利于农户更好地联合起来，保护自身经济利益。与此同时，还要积极推进以农户为基础的各种合作组织的发展。此外，为了加快农村公共品的供给速度，政府还可以通过财政补助、税收、价格等政策，引导农民或民间企业搞一些基础设施建设。

第四，充分利用市场的力量来增加农村地区的公共物品提供，政府只起规范、引导、监管服务作用，可以通过私人部门供给具有纯公共物品性质的农业推广服务，政府要给予这些私人部门一定量的补贴。

第三章
最优农业推广服务供给的制度安排模式

农业推广服务的公共物品属性，为进一步探讨其供给的制度安排模式提供了基本的理论分析框架。在这一章里将根据新制度经济学的基本原理，以研究农业推广服务供给制度安排基本假设和导致制度安排替代或变更的原因作为逻辑起点，研究具有公共物品属性的农业推广服务供给的制度安排模式问题。

一、制度变迁（制度安排变更或替代）的基本假设

制度变迁是制度的替代、转换与交易的过程。诺斯已经指出，制度变迁的诱致因素在于主体期望获得最大的潜在利润。所谓“潜在利润”就是“外部利润”，是一种在已有的制度安排结构中主体无法获取的利润。也就是说主体在现有的制度安排下是无法获得这些利润的，除非把“此”制度变成“彼”制度。只要有这种外部利润的存在，就表明社会资源的配置还没有达到帕累托最优状态。从而存在着帕累托改进的可能性。由于外部利润不能在既有的制度结构中获得，因此，要实现帕累托改进，获取外部利润，就必须进行制度的再安排（制度变迁或创新）。这种新的制度安排的目的在于使显露在现存制度安排结构外的利润内部化。以达到帕累托最优状

态。因此，外部利润内在化过程实质上是一个制度变迁或制度创新的过程。这种外部利润的来源主要有以下几个方面。

一是由规模经济带来的利润。规模经济所带来的利润一般更多地被用来说明为什么要扩大企业规模，以谋求更大的利润空间问题。例如，19 世纪后半期，美国的股份公司的发展就是在技术大量发展、而传统的独有制和合伙制企业的资本供给又受限制的条件下的一种经济组织形式的制度创新。“一体化农业”这种经营制度安排的出现也是基于同样的理由。在政府供给公共物品的制度安排下，也同样存在一个规模经济的问题。因为就政府公共物品供给而言，例如，由政府或公共部门所提供农业推广服务，面向的是全体或区域内所有农业生产经营者，所考虑的是整个社会净收益的提高，以实现农业增长、农民增收以及农村发展的整体目标。尽管存在一个最优供给的问题，但不存在外部性。同时与每个私人部门提供农业推广服务相比，也更体现规模效应，20 世纪中叶，各国普遍重视和加强公共农业推广服务体系的建设也说明了这一点。

二是外部经济内部化带来的利润。外部经济内部化更多的是涉及产权制度的重新安排问题。产权从不易界定到能够界定的过程中，隐含着外部经济的内在化，就要求有相应的制度安排变迁或创新。例如，为了减少农业企业自主开发的农业技术在推广扩散过程中的利润外溢，“公司 + 农户”这种制度安排可能更优于通过市场进行农业技术交易的制度安排。因此，外在性的存在是制度创新的一个重要源泉，在某种程度上，制度创新过程的实质是外部性内在化的过程。制度的再安排旨在使外部性内在化，因而它可能增加社会的总收入。使社会资源的配置更加合理。

三是交易费用转移与降低所带来的利润。现实生活中并不存在完全市场，这是存在交易成本的逻辑依据。交易成本可以定义为信息成本、谈判与决策成本以及制定与实施政策成本，但“交易成本总是以一种制度（机构）比较的方式加以确定，使用该方法时，将一种签订和执行合同的方式与另一种签订和执行合同的方式进行比较。因此，重要的是不同交易成本之间的差异，而不是交易成本的绝对值。"① 面对市场的失灵和市场的不完善，从降低或转移交易成本的角度，新制度经济学家们发现了由此而引起的潜在利润以及进行制度替换或创新的必然性。如果有不完全市场的存在，就要通过建立一些制度再安排来使它们更容易运作，并可能增加社会的净收益。这也是制度安排的基本功能之一，即降低交易费用。

此外，由风险降低所带来的外部利润也是隐含了对寻求在经济组织中规避风险的制度再安排的需要。

对制度变迁的基本假设分析，为下面要说明发生制度安排变更或替代原因作出了理论上的铺垫。

二、导致农业推广服务供给的制度安排变更或替代的原因

回顾农业推广制度变迁的历史进程，人们一般都认为，无论是在发展中国家还是发达国家，市场经济国家还是计划经济国家，公共农业推广服务供给制度在20世纪70～80年代所发生了制度危机的主要原因，首先是农业推广服务供给方面的财政支出发生困难，以及由此而造成的农业推广服务供给不足（特别表现在不能满足推广服务对象多样化的需要）。其次是公共农业推广服务体系内部缺乏激励机制，导致推广效率的低下。此外，对于发达国家特别北美国家，农业对国民经济发展的贡献份额持续下降和农产品的大量过剩也是导致公共农业推广服务体系发生制度危机的原因之一。但是

① 威廉姆斯（1985）The Economic institutions of Capitalism：Firms，Markets，Relational Contracting，Macmillan

从制度经济学的角度看来，可能还有更深层次的原因，即制度原因。

新制度经济学认为，制度安排变更或替代实质上反映了某些制度不均衡的获得机会，制度危机实际上反映出现有制度的不均衡。从制度均衡到制度不均衡，再到制度均衡，这个过程就是人类制度变迁的过程。从农业推广服务供给制度安排看，引起制度不均衡主要有以下几方面原因：一是制度选择集合的改变；二是农业技术的变迁；三是社会中其他制度安排的变化等。

1. 整个社会内制度选择集合的改变

在制度经济学看来，一种制度安排是从一个可供选择的制度安排集合中挑选出来的。选择的标准就是生产与交易费用两个方面。为什么会选择这个制度？是因为这个制度比这个制度安排集合中的其他制度安排更有效。最有效的制度安排是一种函数，尤其是制度结构中其他制度安排的函数。制度选择集合确定了制度选择的范围（或空间）。但是制度选择集合并不是固定不变的。随着外部条件的变化，制度选择集合可能随之扩大或缩小。影响制度选择集合的因素主要有：

第一，社会科学方面的知识。正如拉坦所指出的那样，对经济学、其他社会科学及其有关职业（如法律、商业和其他社会服务业）方面的知识有需求，其最初的诱因是制度变迁以及对制度执行所实现的改进。社会科学的进步改进人的有限理性，因而不仅能提高个人管理现行制度安排的能力，而且还能提高他领会和创新制度安排的能力。

第二，制度引进可扩大制度选择集合。通过借鉴其他社会制度安排来完成本社会制度变迁的可能性，极大地降低了基础社会科学方面的投资费用。如很多非洲独立后所建立的农业推广服务供给制度在许多方面都是沿袭其殖民时代的宗主国的农业推广服务供给制度安排模式。但制度引进面临着一个“配套”问题，某一制度在国外可能很先进，但引进本国可能并一定适用。制度移植比技术移植更困难，因为一个制度安排的效率极大地依赖于其他有关制度的存在。在农业推广服务的制度安排方面也不乏这样的例子。例如，美国的公共农业推广服务体系在美国国内被认为是相当成功的，在推进美国农业现代化方面起到了至关重要的作用，但这样一种制度安排在非洲或者亚洲国家并不一定适用。“绿色革命”为什么在亚洲取得了巨大成功，但对非洲农业的发展却几乎没有用，也是基于同样的原因。这里不仅有经济体制方面的差异，而且也有文化背景方面的原因，有些制度安排是根植在一定的文化土壤基础之上的，还有些制度安排与当地的自然生态与经济环境密切相关。Rivera（1988，1991）曾援引 Gupta（1987）矩阵分析研究成果，提供了一种联系生态条件分析农业推广服务供给的制度安排思路，显示了自然条件对农业推广制度安排选择的影响。因此，如果这些制度安排离开了其相应的经济制度环境、文化土壤、甚至自然生态条件，就很难有效了。因此我们在用引进制度扩大制度选择集合时，一定要考虑相应的制约因素。

第三，制度选择集合还可能因政府政策的改变而扩大或缩小。例如我国改革开放以前，在高度的中央计划经济体制下，农业推广服务供给的制度安排是只有一种单一的公共农业推广服务体系，但改革开放以后，随着市场经济体制的建立与完善，农户与农业企业逐渐成为市场主体，同时随着《专利法》以及《知识产权保护法》的等市场经济法律制度的实施，使得农业推广服务的制度安排也具备向多元化制度安排方向发展条件，政府可将一些产权可以界定的农业推广服务从公共农技推广服务体系中剥离出去，由企业或私人部门来承担，使得制度选择的集合进一步扩大。

2. 农业技术的变迁

要素禀赋和产品需求的变化所引致的技术变革以及所导致的经

济关系的不均衡，同样也是制度安排变更或替代的原因之一。例如，化肥的技术变革导致了化肥价格的绝对或相对（于土地价格）下降，这种下降在大多数工业化国家持续了一个世纪之久。但是传统粮食品种的特点是对更高化肥水平只有有限的单产反应。这种不均衡引起了在一些工业化国家和地区农业研究机构的扩张，这些机构把开发能够对更高化肥水平有更大反应的作物品种作为主要目标，作为农业产出增长源泉的公共研究机构在政治市场上获得了它们的资源，并通过官僚机制分配这些资源。因此，诱导的技术变革理论引发了理解制度创新源泉需要——包括政治家和官僚阶层的企业家行为需要。农作物杂交优势技术变革，由于对优质农作物杂交品种能够实施产权保护，从而产生了对技术专利制度安排的需求，使得通过市场机制来分配研究产品成为可能，为私人部门进入农业技术研究、开发与推广领域创造了制度基础。

当然，正如前面一章已经分析的那样，农业技术变革过程中的许多研究产品，尤其是生物技术研究，是以信息的形式表现出来的。种子、化学结构以及科学或技术方法，大都具有公共物品的特性，会为搭便车问题所困扰。在专利与许可制度并不十分健全的国家里，一种更好制度安排或许是农业研究与推广活动的“社会化”。事实上，从前面我们对农业推广服务体系变迁的考察中也可以发现，在那些农业技术变革速度很快却十分成功的国家里，农业研究与推广服务一般是由政府公共基金或其他非盈利的公共机构来进行的。因此，农业技术变革所引致的制度安排的变更或替代主要有两种形式。

其一是财产权利与市场制度。在某些情况下，如农业中专利技术的发展与保护，对制度安排的需求可以通过新的产权形式的发展、更有效的市场制度，或者由个人在社会和厂商水平上直接订立契约所引起的演进性变革而得到满足。

其二是提供公共物品的非市场制度。正如我们在分析公共物品的最优供给时已经指出的，在另外一些情况下，由于涉及外部性问题，巨大的政治资源可能不得不用来组织非市场制度，以提供公共物品的供给。即“只有当涉及私有产权分配和保护的成本小于更好的资源配置产生的收益时，这种类型的制度安排对社会来说才是有利的。如果其成本太高，那就可能有必要设计非市场制度以便实现更有效的资源配置。”农业研究与推广服务的社会化或在农业研究与推广服务中公共机构占主导地位特别在生物科学方面，能够被看作是一项重大的制度安排，它旨在弥补要不然会出现的研究与推广资源配置严重扭曲的问题。

但这并不必然得出结论，农业研究和推广服务只能由税收资助的政府机构来从承担。由农业研究所产生的社会利益能够作为消费者和生产者剩余（来自农产品供给函数的下移）的增加之和来计量。实际上，如果这种利益主要是由生产者剩余组成，农业研究和推广服务就可以变成一种企业行为，即通过企业制度来内在化外部成本，如农业生产者合作社的行为或由企业自己所实施的技术创新行为。

另一方面，如果把农业研究与推广服务全部由私人部门从事，结果会导致研究与推广服务资源的严重倾斜。但对于受到专利保护的机械技术领域和研究成果能够受到商业秘密保护的生物技术领域，如杂交玉米种子生产的近交系、动植物转基因新品种等，由私人部门来承担研究与推广工作，成为一种企业内部的非市场安排，则将带来巨大的生产者剩余，就能达到该类产品社会最优供给水平。

就中国目前的实际情况而言（从一开始就是完全的公共农业推广服务体系），得出结论则是农业研究与推广服务供给者多元化：公共部门（即政府农业研究和推广机构）、非盈利的机构、农业企

业（市场中的私人部门）和农业生产合作社等共同参与农业研究与推广服务形成了一种新的制度安排。也就是说，这种制度安排的关键在于能够在市场失灵、或者说公共产品的产权难以界定的情况下，农业研究与推广服务可通过多种形式的非市场制度安排（农业合作社、企业内技术创新活动）来达到最优社会供给水平和整个社会福利的改进。

最后一点，私人和公共研究之间的有效的劳动分工是必要的。因为公共资源受到严重的约束，而私人部门在对市场供需变化的反映方面具有内在的优势，所以，私人研究（主要是农业供给厂商）的发展，对于农业技术进步是非常必要的。私人厂商主要投资于排他性产权受到专利或商业秘密保护而不会被轻易地模仿的研究。这就是为什么私人投资集中于应用研究的原因。而且，这种研究主要集中在机械和化学工程领域。相反，政府公共资源主要配置给基础性或一般性的研究和生物技术开发。科学的发展（如分子生物学和遗传工程的进步）以及制度的创新（如在新的作物品种或新的生物种类方面建立更加可靠的产权保护制度），都导致更多的私人部门对某些生物技术领域的研究与开发。在经济发展的早期阶段，如在发展中国家，当私人部门的研究活动很弱时，通常有必要由公共部门甚至承担在机械技术方面的应用研究与开发研究的几乎全部责任。不过由于公共部门可供利用的研究资源受到限制，公共部门不能充分地继续对私人刺激比较充分的领域进行研究与开发。因此对于公共部门与私人部门之间农业研究与推广服务供给责任的合理分配，要求继续重新给予评价与建构。

3. 社会中其他制度安排的变迁

某个制度结构中的制度安排的实施是彼此相互依存的。因此，某个特定的制度安排的变迁，可能引起其他制度安排的服务需求。正如刘易斯所指出的那样："一旦制度开始变迁，它们会以一种自动强制实施的方式发生变迁，老的信念与制度在变化，新的信念与制度彼此之间，以及新的信念和制度在相同方向上的未来变迁之间都逐渐变得调和一致”。农业推广服务的制度安排是社会中诸多制度安排的一种，制度中所涉及的角色有政府、农业科研机构、农业企业和农户等。从我国的实际情况分析，在市场化改革前，也就是中央高度计划经济时期的制度背景下，农业推广服务供给的制度安排是政府行政命令式，也就是通常人们所说的自上而下的推广模式（Top-down）。农业推广服务完全是一种政府制度安排。市场化改革以后，随着农村经济组织制度变迁与创新、政府农业主管部门管理农业和农村经济方式的转变、农业结构变化与调整以及农业产业链的拓展与延伸，从经济运行的方式看，市场制度在农业生产与经营活动中成为一种主要的制度安排，但政府干预仍在一定条件下发生作用。同时由于专利制度与知识产权保护制度的引入，农业推广服务大部分仍保留作为公共物品由政府制度安排，但也有一部分农业推广服务，如农作物杂交品种由于存在着产权的易界定性或者说具有较少的外部性而可通过市场制度供给。从而出现了农业推广服务供给制度安排变更或变迁（确切说制度安排模式的多元化）。而这一切变化或变迁显然是受到国家整个经济制度安排变迁的影响或推动。

考察农业推广制度变迁的历史进程，我们也看到一些有趣的现象。如私人农业推广服务供给的制度安排，特别是公共农业推广服务体系的私有化制度安排努力与市场经济的体制环境似乎没有必然的联系。例如在美国的农业社会化服务体系中，公共部门主要提供农业教育、科研和推广的服务；而私人服务系统和合作服务系统则主要提供农业生产与经营方面的各种服务。其实，在美国这样一个市场经济高度发达的国家，私人农业推广服务体系的发展具有较好的制度条件，但实际上公共农业推广服务私有化的努力却滞后于荷

兰、澳大利亚等其他一些农业发达国家。

这说明，制度安排是否需要变更或替代，关键在于现有制度安排是否仍能保持较高的效率与达到净收益的最大化。也就是说，无论从规模经济的角度还是从克服外部性和降低或转移交易成本的角度，政府公共农业推广服务供给的制度安排，从总体上讲是有效率的。特别是对于粮食尚不能自给的一些发展国家而言，更是这样。

到目前为止，无论是发展中国家还发达国家，无论是市场经济国家还计划经济国家，农业推广服务仍作为公共物品，以政府财政支持的制度安排为主要形式，正如基于上述制度因素的考虑。

三、农业推广服务供给的制度安排模式

我们已经假设，制度安排变更或替代的目的是为了实现外部利润的内在化，同时也指出导致农业推广服务供给制度安排变更或替代的原因主要是由于整个社会内部制度选择集合的改变、农业技术变迁以及社会内其他制度安排的变化。但在具体的制度安排选择上，还必须考虑农业推广服务的公共物品属性。公共物品在生产与消费过程中的非排他性和非竞争性以及由此而导致不同程度的外部性，使资源配置效率受损，难以实现帕累托优化配置。从产权经济学的角度看，外在性使得对公共物品的产权界定带来了一定的难度。外在性的克服，或者说如何使外在性内在化就涉及产权制度的改造，即在单纯依靠政府供给或市场交易机制难以实现利润最大化的情况下，必须引进其他的一些替代性制度安排或者对现有的制度安排进行变更，从而使公共物品的供给主体个别成本与社会成本尽可能地一致。即这样的一类替代性制度安排或制度安排变更应当以降低外部性和实现帕累托优化配置为基本出发点，根据公共物品不同程度的外在性和相应的产权界定难易程度，寻求能够实现最优公

共物品供给的不同制度安排模式。

具体到具有公共物品属性的农业推广服务而言，实际上就是意味如何选择相应的制度形式，内在化外部性，以达到最优水平的供给问题。归纳起来主要有以下四种形式。

1. 政府公共财政支出形式

主要有三种方式。其一是政府直接投资建设公共农业推广服务体系，通过公有财产和供给公共物品的方式，为农民提供农业推广服务。这是政府提供农业推广服务最主要的形式，也是建立与完善公共农业推广服务体系的理论基础。另一种形式是由私人部门（例如企业）提供农业推广服务（如物化技术，技术产品的供给、信息服务等)，这类企业由此而引起的外部性，则是由政府以补贴的形式来弥补。第三种政府资助的社会公益类教育、科研等机构（非政府组织）提供的农业推广与教育培训服务。

但这里涉及两个方面的问题。首先，由于公共物品在产权上均不受个体成本的约束，而由公共财政负担，或者在使用上个体不必付费，因此，对维护和调节供求关系市场不起作用，其供求矛盾难以通过市场竞争来实现。这样公共物品供给规模的选择，在相当程度上受到公共支出的制约，公共支出与公共物品供给之间必须均衡，否则资源配置难以有效。这说明，在农业推广服务政府供给的制度安排下，保持与其供给规模相适应的公共投入是十分重要的，投入不足是造成农业推广服务供给不足以及公共农业推广服务体系难以为继的重要原因。

其次，对公共物品的选择与供给，在决策机制上必须有一个合法的程序。一方面，政府或公共部门关于决策公共物品的供给与安排应有科学的决策，即必须使那些真正应当成为公共物品的列入公共支出范围；另一方面，政府对公共物品的生产、使用必须有严格的非市场的监督，使之确有效率且不至于过度浪费。为此，政府必须支付决策与监督成本。这种成本由于信息上的不对称，通常会很高。因而公共物品的政府供给同样也存在着社会成本，而且这一成本并不必然地低于市场交易成本或政府向生产公共物品的私人部门所提供的补贴。当然，就农业推广服务而言，正如前面已经指出的，政府供给的制度安排还有个规模经济的问题。如果规模经济所带来的社会收益，足以抵消政府的公共物品供给决策与监督成本，那么这种制度安排就是有效率的。所以通过比较不同制度安排的社会成本，更有利于作出合理的农业推广服务供给制度安排选择。

2. 市场交易形式

通过界定交易者产权界区，使交易成为可能，进而克服外在性。从某种意义上说，外在性之所以产生，市场之所以失灵，根本原因便是产权限区不清，从而使当事人之间相互关系上的权利与责任不明确；只要明确了有关的产权限区，便可以通过市场交易方式克服外部性，从而不必引入政府干预，特别是不必引入政府行政的、经济的干预。不幸的是，正如前面的分析已经指出，多数农业推广服务的公共物品属性，不仅造成技术产权界定的复杂性和高昂的成本，而且也限制了价格机制对技术交易的调节作用。事实上，价格调整根本不能使农业推广服务的供给市场出清。这也就是说，在大多数情况下，农业推广服务是不能通过市场机制来供给的。

3. 企业内部交易形式

使外在性转化为企业的内部成本。如果通过市场交易的形式克服外部性的成本高昂，那么就可以采用企业内部的交易代替市场外部交易的方式克服外部性。企业内部交易形式有几种：

第一，生产企业与研究与发展机构合并或现有的应用性科研院所通过转制组建科技型企业，将技术创新与推广活动纳入整体的企业经营活动中去；通过技术入股方式，将原来通过市场进行技术交易的活动，变成企业内部行为。内在化技术的市场交易可能导致外部性。

第二，组建一体化农业企业，如“公司+农户”的农业产业化经营方式。公司与农户在农产品的生产、销售、质量与数量以及生产过程中的农业推广服务等内容以契约的形式固定下来，使公司所提供的农业推广服务可通过利润分成等方式得到补偿。

第三，组建农村/农民合作组织，通过技术入股、参股等形式，将农业推广服务的供给纳入合作社内部的一种经济行为。

第四，对由企业提供的具有一定产权排他性的农业推广服务，通过成本补偿的方式实现其最优供给。由此而可能产生的收益外溢则通过与外部收益者达成协议等形式来实现（博弈）。

4. 公益类的教育与科研机构（非政府组织）提供农业推广服务形式

这类机构本身在基础设施建设、人力资源培养以及研究项目立项等多方面，不同程度上获得政府的资助，但在提供农业推广教育与培训服务方面，被服务者本身也承担一定的费用。

从某种意义上来说，上面所述的四种形式便是四种制度安排，即：政府制度、市场制度、企业制度和非政府组织制度等。这四种制度安排均需成本，从资源配置的效率上讲，重要的原则便是比较不同制度安排的成本，针对不同条件，选择不同的制度，以降低和克服外部性。一般来讲，在市场经济条件下，首先应当选择市场制度，若市场制度解决外在性的成本过高，则可考虑以企业制度代替市场，若企业制度与市场制度均不可能解决，或成本过高，就应该采用政府公共支出制度安排。但是，由于农业和农业技术的特殊性、农业推广服务的经济学特点，政府制度即政府投资建立公共农业推广服务体系和提供农业推广服务应该在整个农业推广服务体系中占主体地位。

以上分析可以勾勒出相应的农业推广服务供给主体的制度安排

模式。可用表 3－1 来说明。

表 3－1　农业推广服务的公共产物品属性及相应的制度安排

农业推广服务的经济学分类	特点	举例	供给主体建议的制度安排
公共物品	消费上高度的非竞争性与非排他性	农作物耕作与栽培技术服务；农业节水灌溉技术服务等农业生态环境保护与可持续发展技术服务等	(1) 政府或公共部门 (2) 私人部门（在政府提供补贴和生产者与收益者之间的形成契约关系的情况下）
准公共物品（俱乐部产品）	在一定范围内可排除非成员消费，但成员间消费具有一定的竞争性	科技人员通过技术入股等方式向合作组织内部所提供的农业推广服务	(1) 农村合作经济组织 (2) “公司＋农户”的龙头企业
私人物品	消费上高度竞争性与排他性	杂交水稻与玉米种子供给与生产技术服务	市场交易方式：市场主体为私人部门（包括民营企业或个人、经过股份制改造的国有企业、转制成企业后的研究院所等）
混合物品	既具公共物品性质，又具私人物品性质	推广教育与人力资源培训等服务	教育与研究单位等非完全盈利的社会公益类机构

第四章
多元化农业推广服务供给制度的构建

农业推广服务经济学属性，特别是农业推广服务的公共物品属性以及相应的制度安排模式要求，为构建多元化农业推广服务供给制度提供了理论基础。一种新的制度安排或者说制度安排的替代或变更，还要考虑整个社会内制度选择集合的改变和社会中其他制度安排的变迁。因此，在构建多元化的农业推广服务供给制度时，还在考虑我国农业在整个国民经济与社会发展中的特殊地位、农业的产业特征和农业发展的外部政策（国际和国内）环境的变化等外在的制度因素。

在市场取向的经济改革过程中，一方面，政府仍然是农业推广服务最优供给的主体，必须加强公共农业推广服务体系的建设，赋予和强化政府及公共部门提供公共物品的能力，这不仅是由农业与农村经济的发展在我国国民经济发展中所处的地位所决定的，更是由农业推广服务的公共物品属性所决定的。另一方面，根据农村经济组织形态的变迁和农业推广服务的产权性质，进行农业推广服务供给体系的制度创新，以此来选择不同的农业推广服务制度安排模式。这是推动农业推广服务体系制度创新的内在动力。

这就需要建立一种能够适应当前我国经济社会发展以及农业推广制度变迁实际的多元化农业推广服务供给制度安排模式（体系）。

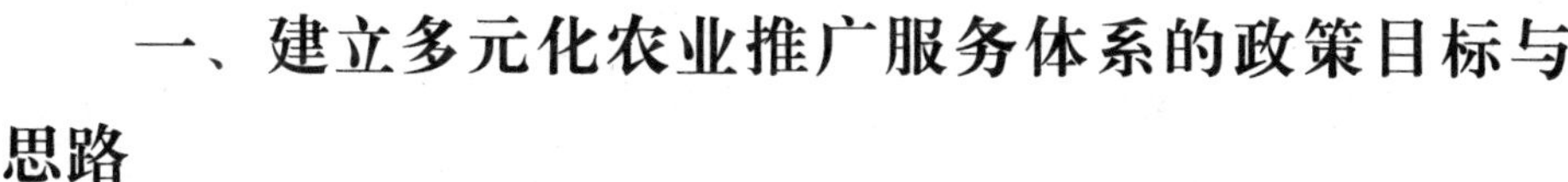

一、建立多元化农业推广服务体系的政策目标与思路

在经济市场化的体制环境下，政府在经济活动中主要扮演市场失灵的纠正者角色。政府已不可能沿袭计划经济体制下大包大揽地提供农业推广服务的制度安排，但鉴于前面已提出的农业在国民经济中的特殊地位，农业技术在大部分情况下所具有的公共物品属性，农业推广服务作为公共物品及其外溢性的存在会导致农业推广服务供给与需求市场失灵，从而为政府的行政干预和建立以政府公共农业推广制度为主导，多种农业推广服务的制度安排并存的制度框架提供了依据。

目标之一：是实现资源的优化配置。市场机制运行是资源配置的有效方式，但市场力量配置资源的作用范围仅限于与市场有关的领域内，不可能覆盖社会的所有领域，在这种情况下，就需要政府力量的参与，对作为市场主体的企业行为进行规范与引导，使资源配置向帕累托最优状态逼近。从市场经济发展的公共需要和弥补市场缺陷来看，政府配置资源的内容是多方面的，其中包括：提供农业基础设施，资助基础性、原创性农业科学研究、对那些外溢性作较大的物品（服务）的供给提供补贴。制定和实施国家产业发展战略，保证社会资源的配置符合国家的发展战略。

目标之二：实施国家粮食与食品供给安全的需要。农业是关系到国计民生的产业，农业和农村经济的发展不仅要解决农民增收与农村福利改进问题，同时也直接关系到整个国内人口的粮食与食品有效供给问题。“中国的农业问题、粮食问题，只能靠中国人自己解决”。中国粮食等主要农产品已经实现了供需基本平衡，但考虑到 21 世纪前几十年，我国人口将增加近 4 亿、生活水平提高，农村人口持续向城镇转移等因素，都会使食物消费量大幅度增加，而与此同时，人均耕地将减少近30%，人均水资源将减少25%左右。估计粮食单产需要增加40%左右才能满足今后的基本需求。因此，未来粮食总量的增加，主要依靠农业科技进步，推广高产优质新品种，通过单产的提高与品质的改善，提高土地生产率等确保粮食的有效供给。同时也只有单产水平的提高，总量供给充足的前提下，才能退耕还林、还草，改善农业生态环境，才能给农业结构调整留下足够的空间，才能提高农业整体效益与增强农产品的国际竞争力。这些都需要有政府公共支出的强有力支持。

目标之三：改善环境与保护生态，推动农业可持续发展的需要。农业是经济再生产与自然再生产相交织的过程。因此，农业既是国民经济系统的一部分，又是自然生态系统的一个组成部分。从农业发展与生态环境保护的关系看，一方面，农业是首先造成人为生态环境问题的部门，特别是近代以来，大量使用化学肥料、杀虫剂、除草剂等造成了严重的环境污染和自然生态系统破坏；另一方面，合理利用土地、开发利用自然资源、植树造林、改造沙漠等保护自然环境，保持生态平衡、控制与治理污染的措施，都或是农业生产的任务，或者与农业生产密切相关。因此，农业生产的目标并不仅仅是增加农产品的产量、提高农业效益与农民收入水平，还具有的改善生态环境，合理保护与利用自然资源，造福子孙后代的公益性目标。后者只能由政府通过公共支出来承担。

目标之四：实施国家扶贫战略，服务农村弱势群体的需要。政府通过调节社会成员的收入再分配，来减轻市场力作用下可能造成的两极分化程度，缓和社会矛盾，满足社会成员基本的生存与生活需要，特别是解决农村贫困人口的脱贫问题是公共政策的主要目标之一。改革开放以来，中国在反贫困方面取得了举世瞩目的成绩，根据我国政府的贫困标准，中国农村尚未解决温饱问题的绝对贫困

人口从1978年的2.5亿下降到2007年的1 479万，占农村居民总人口的比重从30.7%下降到1.6%；初步解决温饱问题但不稳定的低收入贫困人口从2000年的6 213万减少到2007年的2 841万，占农村居民总人口的比重从6.7%下降到3%。农民收入稳步提高。从1989年到2008年，国家扶贫开发工作重点县农民人均纯收入从303元增加到2 611元。尤其是2002年到2007年，重点县农民人均纯收入从1 305元增加到2 278元，五年年均增长9.04%，连续五年高于全国平均7.47%的增幅。但在全面建设小康社会的进程中，扶贫开发任务仍然十分难巨。2008年国家提高扶贫标准以后，农村扶贫对象规模为4 007万人，相当于欧洲一个中等规模国家的总人口数。在自然条件特别恶劣的青藏高原地区、西北干旱地区、沙漠化地区、岩溶地区、秦巴山区和陆路边境地区，生存环境恶劣，基础设施落后，社会发展滞后，公共服务欠缺，地方病严重困扰，贫困人口比例高，扶贫工作难度大；城乡、区域、不同社会群体发展差距扩大趋势尚未得到有效控制，扶贫开发工作仍面临严峻的挑战。与此同时，返贫问题变得更加突出。新增致贫、返贫因素与传统因素交织在一起，增加了扶贫工作的不确定性。一是自然灾害风险。贫困村遭受自然灾害打击的概率是一般村的5倍。突发性气候和地质灾害增多使贫困地区面临更大威胁。二是市场因素影响。2008年国际金融危机给贫困地区的主导产业、贫困人口的非农收入造成巨大打击，带来严重的返贫问题。牛奶、生猪、家禽等贫困地区大宗产业，在近年的食品安全事件中屡受冲击。三是政策性因素，一些地区的资源和生态补偿政策落实不到位，城市化过程中的土地征用政策不合理，都可能造成新的贫困群体。四是家庭变故，因病致贫、因学致贫仍是造成返贫的重要成因。公共农业推广服务在实现政府扶贫政策目标，推动农村生产力的发展，提高农村人口的教育、科技素质等方面起着不可替代的作用。

目标之五：推进农业企业技术创新，满足农户对技术的需求。通过在企业内部构建农业技术创新的机制与体制，引导和支持多种形式的企业为农民提供农业科技成果，农业生产资料以及农业技术与作业服务，是农业科技推广，实现成果转化的重要途径之一，也是农业科技产业化，农业生产专业化和社会化发展的必然趋势。涉农企业等中介组织，最大的优势在于通过多种形式的服务，融技术、产品、服于一体，实行产中、产前、产后技术配套服务。能够有效地解决长期以来农业推广过程中农业技术成果、物质与生产脱节弊病。在市场体制下，企业通过自身技术创新，并向农户提供良好的服务，在市场竞争中才有立足之地，企业才能生存与发展，同时，农户通过购买与使用先进适用的生产技术，增加农业产出，提高农产品的品质，赢得更多的市场份额，增加了收入。

因此，多元化的农业推广服务体系的基本思路是：以政府制度为主导、企业制度、市场制度以及非政府制度形式并举；围绕农户与农业企业的实际需要，构建以政府公共投资为农业推广服务供给的主体，农业企业科技创新体系、农业推广服务供给的中介组织体系，各种形式的农民专业技术协会以及新型农村合作经济组织的农业推广服务供给体系以及教育与研究单位开展各种形式的教育培训、技术咨询与技术服务共同发展，农科教有机结合、产学研一体化的多元化农业推广服务供给体系。

二、多元化农业推广服务体系的基本框架

多元化农业推广服务供给制度安排的基本框架，包括强化政府公共农业推广服务体系；政府资助的私人部门（企业或个人）所提供的农业推广服务；科技型农业企业为主体的农业推广服务体系；“公司+农户”模式与一体化农业企业中的农业推广服务供给制度；

股份合作组织型的技术销售一体化服务；农业推广服务市场化供给制度；受到政府资助的公益类教育与研究机构（非政府组织体系）所提供的农业推广服务等，其基本框架结构如图 4－1 所示。

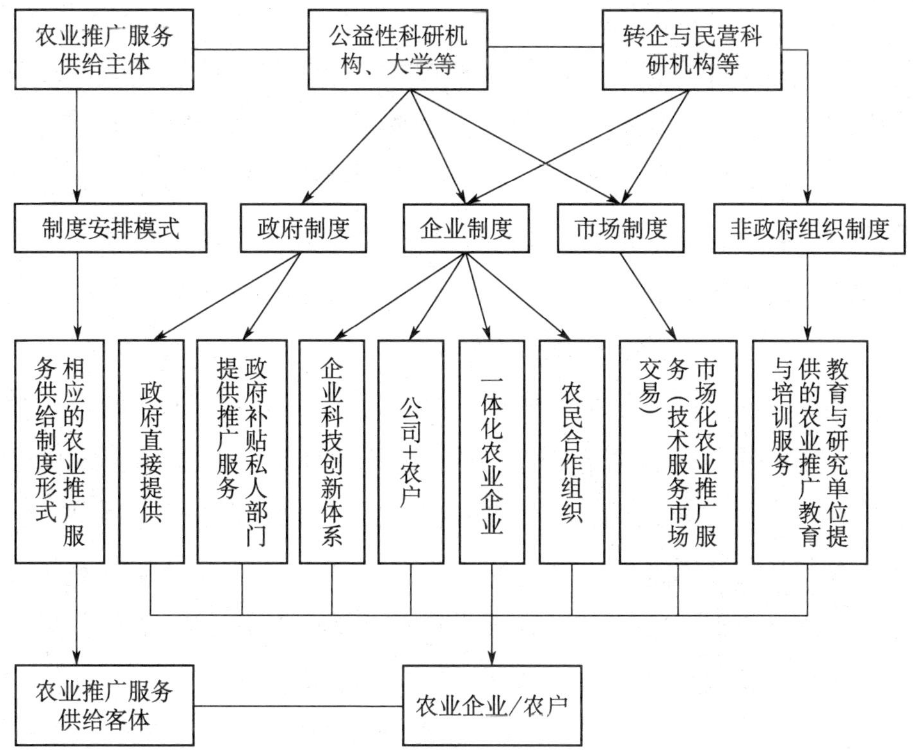

图 4－1　多元化农业推广服务服务供给制度安排的基本框架

三、强化公益性农业推广服务体系建设

1. 完善管理体制，推进机制创新

首先从公益性农业推广组织纵向体系看，通过功能整合与体制机制创新，使公益性农业推广服务体系主要形成三个层次：国家农业推广中心、省级农业推广中心和县级农业推广中心及其派驻乡镇机构。

国家农业推广中心的主要任务是管理和领导全国农业推广工

作，协调省际农业推广工作的交流与合作，协调全国农科教各部门、非政府组织的农业推广工作，组织全国性、区域性重大农业推广项目的招标与项目管理、评估与验收等工作。国家农业推广中心不直接参与农业推广工作。

省级农业推广中心。现在分散农业管理部门的各类具有农业推广职能的单位（土肥站、植保站、作物栽培指导站等）按照产前、产中、产后和农业产业类型，进行适当的整合，统一归省级农业主管部门下属的农业推广中心领导，其职责主要包括研究、试验、技术引进、技术推广、管理咨询、教育培训、市场调研与信息收集与处理，以及全方位指导与监督县级农业推广中心的工作。

县级农业推广中心是具体负责县范围内农业推广工作的基层单位。根据国务院《关于深化改革加强基层农技推广体系建设的意见》的精神，按照强化公益性职能、放活经营性服务的总体要求，改革基层农业技术推广机构，明确基层农业技术推广机构承担的公益性职能，合理设置县乡农业技术推广机构，加快建成基层公益性推广体系。具体来说要在整合目前各类具有农业推广功能的涉及部门基础上，县级农业推广中心一方面可设置种植技术、养殖技术、农产品加工技术、管理与咨询、教育与培训等若干服务队，通过乡镇一级的农业推广联络站或农业推广员开展农业推广服务活动；另一方面，通过派驻乡镇站，直接面向广大农户开展技术咨询与教育推广服务。县级农业推广中心是整个推广服务体系的枢纽，起承上启下的作用，是农业科技信息反馈的中间环节。

其次从公益性农业推广服务横向体系看，要借鉴美国的农业推广服务体系建设的经验，改革现行的农业教育、科研与推广相互分离、各自为政的体制，建立农科教统筹协调机制和组织机构，对农业科技创新与推广组织进行协调与领导，协调各部门针对农业技术创新与农业推广项目的资金投入，确定农业新技术推广项目，协调

不同农业推广组织之间的关系。鼓励农业科技人员从事农业推广工作，同时鼓励长期从事农业推广工作的技术人员带着生产上所急需解决的科研课题走进科研院所以及大学，进行短期或长期的合作研究（或教育），也可以与科研及教育部门的研究人员一起共同申请来源于不同渠道的农业科研课题和农业技术推广项目，为教育、科研与推广部门之间相互交流创造条件。

第三，加强技术示范体系建设。以科技示范园、农业试验站、农业试验田为基础，充分发挥科技教学、各级农技推广机构和农村科技示范户的积极性，在农村逐步形成村级科技示范方、乡级示范田和县级示范园区。对增产潜力大、效益高、推广面大的农业技术项目，要通过建立科技示范基地和示范户，为农民提供“看得见、摸得着”的学习样板，教育和引导农民改变传统的经营方式，应用科技致富，加快农业新技术的转化推广。

2. 加大投入力度，强化公益性农业推广服务经费保障

一是保证供给履行公益性职能所需的资金。各级财政将公益性推广机构履行职能所需的经费纳入财政预算，同时加大基础性和公益性技术研究推广的国家资助力度。建议将国家财政对农业推广投入的比重逐步提高到0.5%以上。这不仅完全符合WTO的“绿箱政策”，而且能有效地增强我国农业科技和社会经济可持续发展的后劲。二是建立农业科技成果推广专项基金，并逐步增加财政支农资金中用于农技推广的份额，经费来源由地方财政收入按一定比例计提。三是完善改革的配套措施，引导社会资金投入，用改革的思路和办法，解决在建立新型基层农业科技推广体系过程中遇到的问题，对重大农业科技成果转化等项目实行招投标制，鼓励各类农业科技推广组织、人员和有关企业公平参与投标。鼓励农业技术人员自主创业，他们创建的经营性技术服务实体，可以优惠使用原乡镇推广机构闲置的经营场地，并享受现行政策规定的有关税收优惠。

3. 加强基层农业推广人员知识更新与农民科技培训体系建设

一是建立农业推广服务人员的知识更新机制，通过在职学历与非学历教育，培养新型农业推广服务人员。二是加强新型农民培训工作，优化培训内容，拓宽培训渠道，创新培训模式，突出层次性和实用性，强化他们的科技素养与文化水平，提高运用农业实用技术进行自我服务的能力，推进农村经济社会生态协调发展的能力以及农村事务管理的能力。三是大力发展中等职业技术教育，落实中央关于加强中等职业技术教育一系列政策措施，培育新生代农民。

四、探索企业主导的农业推广服务体系

1. 企业主导的农业推广服务供给可行性

（1）企业/私人部门参与具有公共服务性质的农业推广活动可行性

根据公共物品特点，由政府通过公共财政支出提供公益类农业推广服务一般有以下三种形式。其一是政府直接投资建设公共农业推广服务体系，通过公有财产和供给公共物品的方式，为农民提供农业推广服务，这是政府提供农业推广服务最主要的形式，也是建立与完善公共农业推广服务体系的理论基础。其二是政府资助的社会公益类教育与科研等机构（非政府组织）提供的农业推广与教育培训服务等。其三是在与服务的消费者能够达成某种农业推广服务供给价格（消费者购买支出部分）上的某种妥协，同时又能获得政府一定量补贴情况下，私人部门参与农业推广服务的供给活动。

私人部门参与农业推广服务生产供给时，有效的资源配置水平，要求其行为的边际成本与其所产生的所有边际收益相等，但由于公共物品在消费上的非竞争性和非排他性，以及由此而产生的生产与消费过程中的外部性，使得私人部门提供农业推广服务可能是

一种“斗鸡博弈”，也可能是一种“智猪博弈”，无论哪种情况，农业推广服务由私人部门供给的纳什平衡均小于帕累托最优供给。但在“智猪博弈”中由私人部门提供公共农业推广服务，政府则给予一定数量的补贴可以使其达到帕累托最优。因此从理论上讲，将比政府自己直接提供公共物品更可取。

因此，在理论上获得帕累托最优的途径是引进纠正策略，即将其在实施行为时所产生的外部性内部化。一种制度安排是政府对作为外部经济形成者的私人部门提供补贴，在达到最优供给的均衡状况下，其补贴的量应等于边际收益量，即图 4－2 中的 *ehba* 之面积部分。

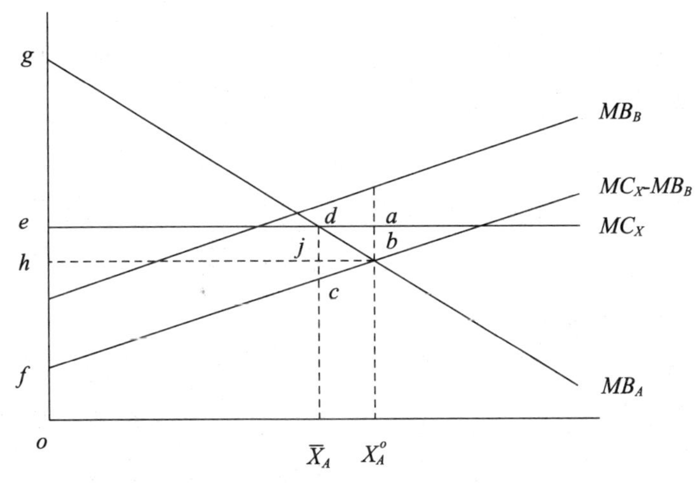

图 4－2　补贴的量与边际收益量的关系

另一种制度安排是在外部经济形成者与被影响者（受益者）之间的讨价还价。这种情况特别发生在承担农业推广服务供给成本的不同私人部门在收入水平不一致，以及由此而引起所获得的农业推广服务数量也不一致时。收入水平高的私人部门，如大型农场或农业企业，即能够从所提供的农业推广服务中获得更多收益，所产生的收益外溢相对较少，能够在更大的程度上实现帕累托最优，同时与外溢收益受益者（如小型农户）之间在分担农业推广服务成本时的谈判也较容易。这实际上是类似于前面我们在分析公共物品私人愿意供给时的“智猪博弈”所达成的纳什均衡如表4-1所示。

表4-1 农业推广服务供给的“智猪博弈”

		小型农户	
		承担	不承担
大型农户或农业企业	承担	5，1	4，4
	不承担	9，-1	0，0

（2）企业/私人部门参与具有准公共性质农业推广服务可行性

一般来讲，准公共物品的最优供给不但要求正确的产出水平也同样要正确的使用者数量。而满足最优的公共物品使用者数量的条件是：人均承担的公共物品供给成本应恰好等于边际拥挤成本。因此，存在着通过企业（私人部门）来优化提供准公共服务的潜在可能性。

某一个农业经营组织，例如农村合作经济组织或当前比较流行的“公司+农户”经济联合体，可以看作是一个“俱乐部”，在一定条件下，某些农业推广服务的供给可以做到只局限在经济组织或经济联合体内部（实施一定的排他产权行为是可能的，且实施的成本不高）。即这样的产品或服务仅仅局限在其全体成员消费，且每个成员必须遵守俱乐部规则，加入俱乐部要具有某种资格。另一方面，由于农业上，推广使用某项技术可能会迅速提高某类农产品的产量，由于大多数农产品的需求弹性较小，在一定的规模水平下，每增加一个该项农业推广服务的消费者，虽然不会增加其他人的生产可变成本，但却从整体上增加向市场所提供的农产品数量，当农产品供过于求时，将增加该类农产品进入市场的风险成本，并最终导致其他人的实际收益水平的下降。这说明，在俱乐部成员界区内，单个成员对作为俱乐部产品和农业推广服务的消费到一定程度时会影响或减少其他成员的消费收益。因此，如果农业推广服务的

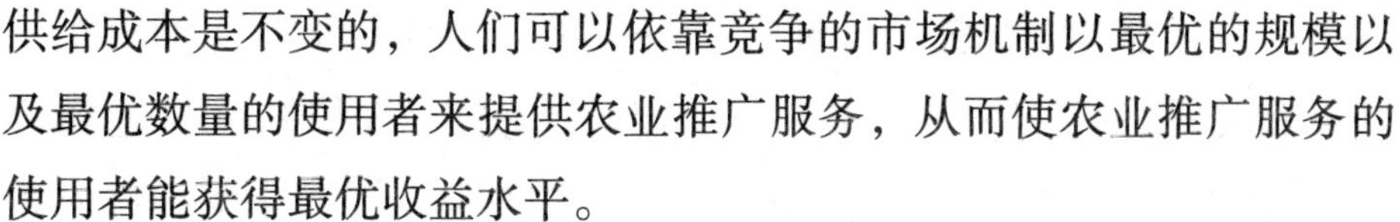

供给成本是不变的，人们可以依靠竞争的市场机制以最优的规模以及最优数量的使用者来提供农业推广服务，从而使农业推广服务的使用者能获得最优收益水平。

（3）企业/私人部门参与具有私人服务性质的农业推广服务可行性

虽然，从总体上来说，农业推广服务具有公共物品的属性，但随着农业技术的进步以及与之相配套的专利制度与知识产权保护等法规的实施，并不排除还有部分农业推广服务由于具有产权的可界定性，和消费上的可排他性而被列入私人物品的范畴。私人物品在生产与消费上高度的排他性和竞争性使得私人物品的供给与消费完全可依市场机制来实现资源的优化配置。私人部门因此可以成为提供这类农业推广服务的市场主体。例如作为农业高技术产品的杂交水稻与杂交玉米种子以及相应技术推广服务的供给都可以由私人部门来进行。理论上，这样的私人部门包括民营企业或个体经营者、实行股份制改造后的国有企业，以及转制后的科技机构等。其最优供给点就是达到供给与需求的一般均衡点。

2. 企业主导的农业推广服务特点

第一，企业提供具有公共性质的农业推广服务。主要有以下三种实现途径：一是通过政府补贴（如由政府资助的公共研究部门向私人部门优惠转让科技成果）由企业提供公共农业推广服务；二是企业通过市场谈判与讨价还价等形式与农户达成农业推广服务供给的成本补偿协议后，向其提供公共农业推广服务；三是企业通过产业链延伸等方式将小型农户吸纳进入一体化的农业企业内，达成包括生产技术指导、产品销售等内容在内的契约，从而使农业推广服务供给过程中的收益外溢内在化。

第二，企业提供具有准公共物品性质的农业推广服务则通过以下方式实现。企业（例如农村合作组织或“公司＋农户”）根据自己生产及经营计划的需要，通过自身技术创新（也不排除通过市场获得有关技术），将相关技术向企业内的农户/合作社成员进行推广，形成企业内部的技术推广供给与需要关系，使企业所提供农业推广服务应用范围局限在内部，形成一定的技术排他性，有助于企业在研发上投入更多的资金与人力或从外部购入技术及技术服务，从而促进技术创新与成果扩散。

第三，企业通过市场机制提供具有私人物品性质的农业推广服务。

3. 实现由企业提供农业推广服务的关键要素

企业总是以利润最大化为目标，作为公共物品、准公共物品及私人物品的农业推广服务要实现企业（私人部门）愿意供给，实际上取决于建立一个什么样的成本补偿机制、农业推广服务的供给者与需求者利益分配的契约机制，以及包括有效的知识产权制度在内的发达市场经济制度。

（1）成本补偿机制

根据公共物品理论，“企业/私人部门参与公共物品生产时，有效的资源配置水平，要求其行为的边际成本与其所产生的所有边际收益相等，在理论上获得帕累托最优的途径是引进纠正策略，即将其在实施行为时所产生的外部性内部化”（鲍德威、威迪逊，2000）。其一是政府对外部经济的形成者进行补贴（成本补偿），补贴量相当于所形成的边际外部收益量。其二是外部经济形成者与被影响者（受益者）之间的讨价还价（博弈），达成成本补偿协议。这种情况特别发生在参与提供公共物品的不同私人部门/企业在收入水平不一致，以及由此而引起愿意提供物品数量也不一致时。收入水平高的私人部门/企业，即能够从公共物品生产中获得更多收益的私人部门/企业更愿意提供公共物品；因为，此时所产生的收益外溢相对较少，能够在更大的程度上实现帕累托最优，同时与外

溢收益受益者之间的谈判也较容易。

（2）契约机制

契约机制主要表现为两个方面：其一是当企业作为外部经济的形成者，在没有政府成本补偿情况下提供公益性农业推广服务时，必须与外部经济的受益者，例如小型分散农户形成利益共享的契约机制，通过谈判达成外部经济的受益者愿意提供成本补偿的契约；其二是当农业推广服务的供给与需求只是在企业内部（如“公司+农户”或农业合作组织）可以实现时，农业推广服务的供给者（公司或合作组织理事会等）需要与农户或合作社成员达成相关契约，以规定农业推广服务的供给者与需求者之间的权利义务关系。

（3）有效的知识产权保护制度

从总体上来说，农业推广服务具有公共物品的属性，但随着农业技术的进步，并不排除还有部分农业推广服务由于具有产权的可界定性和消费上的可排他性而被列入私人物品的范畴。私人物品在生产与消费上的高度排他性和竞争性，使得私人物品的供给与消费完全可依市场机制来实现资源的优化配置。因此，企业在参与作为私人物品的农业推广服务供给中，就需要有相配套的专利制度与知识产权保护等法规的保护。

4. 我国目前由农业企业主导的农业推广服务主要模式

农业推广服务供给体系的多元化趋势，一方面需要强化政府公共农业推广服务体系，特别是在事关粮食安全、生态安全、新农村建设及农业的可持续发展等方面，公共农业推广服务体系的地位与作用无可替代。另一方面也更加突出了企业在参与农业推广服务供给中的重要地位。企业既可依靠自身的科技力量，大规模生产科技产品，依靠自己有效的销售体系进行销售和提供农业推广服务，实现科研、开发、推广、生产、销售的一体化经营，也可以有两个或三个运行主体，如企业与农业科研单位合作，在两个运行主体之间实现科研、开发、生产、销售的一体化经营。但是，在多个运行主体的合作经营中，企业仍是最关键的角色。这些企业的共同特点是以市场需求为导向，农业技术创新、开发与推广应用都在企业内部进行，农业推广服务供给成为企业内部技术创新的有机组成部分，通过这种企业制度安排，内在化农业技术推广过程中的技术外溢可能带来的外部性，形成有利于农业科技成果转化的体制和机制，增加农业技术创新的有效供给。

根据企业主导的农业推广服务供给的参与度，我国目前由企业主导的农业推广服务供给模式主要有以下几方面。

（1）以企业为载体提供农业推广服务的科技型企业

科技型企业的形成主要有以下形式：企业通过购买科技成果，以科技产品为龙头，发展成为科技型企业；农业科教单位自己办科技企业；农业科技单位全部或部分进入企业，使企业变成科技企业；农业科技单位转制为科技企业等。这些企业的共同特点是通过自主科技创新或引进或购买农业科技成果进行开发，以提供科技产品和科技服务为企业的主要经营方式，有些科技产品或科技服务具有公共物品属性，大都通过成本补偿的方式获取利润；这种成本补偿有的来自于政府政策或项目的支持，也有的则通过向受益者出售技术产品或收取技术咨询费用等方式形成利润。有些科技产品或科技服务具有私人物品属性，则通过市场交易的方式获取利润。

（2）集研究、推广、生产、销售等为一体的大型农业企业

以大型工商企业为依托，集研究、开发、生产及销售为一体的大型农业公司是近几年来中国农业市场开发主体走向多元化的一种新型企业组织方式。一般以大型工商企业为龙头，通过股份合作制等形式吸纳农村专业组织、中小型企业和教育与研究单位加入，所形成的大型农业集团公司。优点是自身具有雄厚的资本，又联结和辐射区域经济组织，与农户有广泛的联系，通过资金投入和研究机

构参与对农业新技术的研究与开发方向进行导引与控制，以便开发出自己原有技术水平不足以完成，同时又是市场所需求的产品。最大特点是基本具备了农业技术创新、开发、生产与销售所需要的技术、人才、资金，同时又有灵活的面向市场的能力。企业作为科技需求的一方，始终处于主动的地位，在自身利益的驱动下主动寻找科技资源，在科技资源的配置上是高效的。因而解决了从创新到生产销售过程中的一系列问题，使投资的风险变小。研究单位作为技术服务的供给方，有了资金的支持，也会按照经济主体的要求进行研究与开发，使产品更加切合市场的需求。

（3）“公司＋农户”模式的农业推广服务供给制度

以公司为龙头统一进入市场，公司作为一个经济整体根据自己生产及经营计划的需要，通过自身技术创新（也不排除通过市场获得有关技术），再将相关技术转让给农户，通过自己组织的培训等，让有关农户根据公司需要进行规模生产，公司对其产品进行包销。这样，公司成为一个大农户，是推广技术的一级受体，小农户是二级受体。如一些大型技术项目或层次较高、要求较精的技术，单个农户无法接受和消化，公司却可以消化，公司也比单个农户有更强的投资能力，有更强的抗风险能力，能在一定程度上缓解当前普遍存在的小农户与大市场的矛盾，由此便可以大大提高当前推广技术的质量、规模、等级，并能提高技术使用水平。此时，公司与农户之间还存在一个技术推广的关系，但却是一个内部关系，利益的一致化使二者之间便于协调，农户的职责就是接受公司提供的技术，并按规定生产。由于农业产业化只在某些特定的农产品，如烟草等一些经济作物便于施行，所以，这一模式亦不能涵盖整个农业生产领域。就全国形势看，农业产业化经营也仅是刚刚起步，覆盖面还很小，普通农业生产难以包含其中，所以这一模式的覆盖面还是有限的。然而这一模式的发展前景非常可观，优点也是突出的。

（4）股份合作组织型的技术销售一体化服务

以基层农技推广部门为依托，通过股份合作制等企业组织形式，组建农副产品销售公司，一手抓结构调整和技术推广，一手抓市场开发，实行技术销售一体化服务，将结构调整和技术推广、引导农民走向市场、科技服务与实现科技服务的价值、实现企业利润与增加农民收入有机结合。其基本思路是：农技部门与农民通过契约的方式提供产前、产中、产后一条龙；技术、销售一体化服务，由农技部门统一供应种苗和农用生产资料，然后进行全过程的技术跟踪指导，最后包产量、包价格、包销售。根据市场需求和本地资源优势确定包销的产品。将市场需求、资源优势、营销技巧三者有机结合，以最大程度地避免市场风险。从而使农技服务部门从技术主体走向技术和市场双重主体，由农技服务部门牵头组建农产品销售公司，建立一种新的制度安排方式，使以往农技服务部门与农民之间由单纯的技术和技术产品的买卖关系转变为公司内的契约关系，形成利益共同体，共同走进市场，共享利润，共担风险。这样做的优点是：

第一，有利于农业产业结构的调整与优化。组建农副产品销售公司，从过去只包技术不包销，转向技术销售一起包，与农民签订销售合同，解决了农民“种难卖更难”的问题。提高了农民进行产业结构调整的积极性。

第二，有利于降低技术和技术产品交易成本，加快农业新技术的应用和推广。农技推广部门参与市场营销，从单一的技术推广向技术、销售一体化服务转变，形成了一种新型农业科技推广制度，这种农业推广制度把结构调整、技术推广服务与市场和产品销售结合起来，拓展了农业科技推广工作的目标，为增加农民收入开辟了新的途径。

第三，有利于发展产后农业推广与信息服务。从技术运行的角

度看。科学技术作为第一生产力，必然渗透到农业产业化的每一环节，而且产前、产中、产后技术又相互关联、互相渗透，不能只停留在产中技术的研究和推广上，而应着眼于农业产业化的全过程，从良种繁育、栽培技术、病虫防治，一直到农产品加工、贮藏、销售等统盘考虑。从市场需求和农民的要求看，农民不仅希望农业部门能拓宽技术服务领域，更希望能提供有价值的市场信息，能为农产品的销售提供一定的帮助，以求获得更高的经济效益。既要通过流通销售拓展服务空间，延长服务产业链条，又要通过产后环节来促进产前、产中服务的发展。

第五章
基于农业产业链的农业推广服务供给模式探讨

市场经济体制下的农业推广服务制度安排，既强调政府在农业推广服务供给中的主体地位，同时也要求按市场经济发展的要求，建立与完善企业、中介组织、农民专业合作组织、科研教育单位等多方参与的多元农业推广服务供给体系。农业产业链联接农业企业、农民专业合作组织、中介组织与农户等不同经济主体，在农业产前、产中、产后等各个生产环节中，如何发挥各经济主体作用，既合理提供农业推广服务，促进新技术、新品种的广泛应用，又获得农产品的增值，从而增强农产品的市场竞争力，实现各经济主体的经济利益是一个值得研究与探讨的问题。本章探讨的重点是在农业产业链各环节运行过程中，农业新技术、新品种与新工艺等的传播扩散过程，也就是说，在农业产业链运行过程中农业推广服务的供给与接受过程。重点是农业推广服务模式与农业推广服务供给与接受的利益机制问题。根据由谁带动（龙头）及其所带动的参与者不同，目前我国农业产业链的组织形式主要分为：龙头企业带动模式、中介组织带动模式、专业市场带动模式和其他模式等四种。因此，无论是哪种农业产业链组织形式，接受农业推广服务的一般都是农户/小生产者，或者说“所带动的参与者”。而农业推广服务供给的主体，则因农业产业链模式的不同而不同，可以是龙头企业，也可以中介组织、农业合作组织以及科研教育单位等其他主体（也就是“龙头”）。

一、基于农业产业链的农业推广服务供给模式

农业产业链是指与农业初级产品生产关联密切的产业群所形成的网络结构。包括为农业生产做准备的科研，农资等前期产业部门，农作物种植、畜禽养殖等中间产业部门和以农产品为原料的加工、贮存、运输、销售等后期产业部门。通称为农业产前、产中及产后部门。农业产业链管理是将农业生产资料供应、农业技术支持与应用、农业生产、加工、贮运、销售等环节联接成一个有机整体，对其人、财、物、信息、技术等要素流动进行组织、协调与控制，以期获得产品价值增值的活动过程。根据农业产业链模式，基于农业产业链的农业推广服务供给模式如表5－1所述。其中，能够提供农业推广服务的主体主要有以下几个方面：龙头企业、农民合作组织、专业协会、科研单位、基层农技推广组织（一般已剥离了公益性职能）等。而行业协会、农村经纪人，以及专业市场等作为农业产业链模式中的“龙头”，由于其自身性质，一般不能承担提供农业推广服务的职责。农业推广服务供给模式主要是“公司＋农户”、“农民合作经济组织＋农户”、“农技推广部门＋农户”，以及“科研单位＋农户”等。农业推广服务供给的客体则是在产业链中与上述主体联结在一起的、分散的农户。

表5－1　基于农业产业链中农业技术推广服务供给模式

农业产业链模式		特点	技术推广服务供给主体与介入程度
1. 龙头企业带动型	信誉合同模式	龙头企业在原料采购中会与一些产量较大的农户形成长期相对稳定的供销关系。这种关系一般不签订合同，即使签合同也只是意向性合同，简单约定交易行为，对于交易价格、交易时间等内容一般不做详细规定	企业一般不承担技术推广与服务

续表

农业产业链模式	特点	技术推广服务供给主体与介入程度
购销合同模式	公司与农户之间仅就产品的数量和价格达成协议，而不承担其他义务	企业一般不承担无技术推广与服务
订单农业模式	龙头企业负责为农户提供种子（种苗及种禽畜）、饲料、化肥等生产资料以及相应的技术服务，并按合同价或保护价进行收购，农户按合同规定标准化生产并提供相应数量的合格产品	企业提供技术服务
公司＋基地＋农户	龙头企业租赁农村土地，建立基地，投资建设生产设施（养殖圈舍、大棚等），农户入区进行种植、养殖，企业向入住农户提供生产资料和统一的产前、产中及产后服务，企业按保护价或高于市场一定幅度价格收购基地农户的产品，农户获得劳动报酬、土地租金、股金和承包费等收入	企业提供统一技术服务，服务介入程度高于订单农业模式
公司＋合作社＋农户	实行“四统二分”：合作社统一组织落实生产计划、统一采购供应生产资料、统一提供技术指导、统一组织产品运输、加工与销售；农户分散生产、自负盈亏经营	合作社统一提供技术服务
公司＋行业协会＋农户	行业协会是具有相同或相近市场地位的经济主体自愿组织起来，以沟通、协调经济主体行为，促进共同利益为目的的社团性经济组织，既有公司/企业组成的行业协会，也有生产同类产品的农户组成的协会，主要功能是行业管理、维护协会成员利益，收集、分析及发布市场信息，组织营销等	行业协会本身一般较少参与对农户的技术推广与服务

续表

农业产业链模式		特点	技术推广服务供给主体与介入程度
	公司+经纪人+农户	龙头企业以从事农产品经销活动的农村经纪人（或生产大户）为中介联系农户进行农业产业经营，农户进行原料生产、经纪人负责农户生产产品营销，企业进行产后加工、销售等生产经营活动，各自独立经营，利益与风险各自分享与分担，交易费用相对较少	经纪人一般不承担技术推广与服务职能
2. 服务组织带动型	农技服务部门+农户（农民专业合作社）	主要形式有：以技术服务参股农民合作组织；以技术、劳务、资金等参股农民合作组织；以农技站等为主导组织兴办农民合作组织等，共同特点是以提供生产技术服务为主，同时根据产业发展需要技术服务部门也组织统一生产、销售、提供市场信息等的全方位服务，技术服务或从中获得技术服务、管理等方面报酬，或直接参与分红	技术服务部门承担全部/全程技术推广与服务，是技术推广与服务介入程度最深的一种模式
	专业协会+农户	专业协会一般由企业、农村基层组织或专业大户等牵头成立，为农户提供生产资料、技术、信息和运销服务等，具有服务意识强、服务方式灵活，服务成本低等优点	专业协会提供技术推广与服务
3. 专业市场带动型	专业市场+农户	以专业市场或专业农产品批发中心为依托，一头联结生产基地与农户，一头联结消费中心，通过为买卖双方、运销各方提供交易服务，从而带动区域性专业化生产，达到扩大生产规模，节约交易成本的提高经济效益的目的	专业市场一般不提供生产技术推广与服务
4. 其他组织带动型	科研单位+农户	其基本特点是科研单位提供技术服务收取佣金或科技入股，形成股份公司按股分成（红）	科研单位提供生产技术服务

注：以上分类参考《中国农业产业化发展报告》（2008）。

二、农业推广服务主体的成本补偿实现形式

以上这些供给主体所提供的农业推广服务的成本补偿实现方式，主要取决于农业产业链中各主体与农业推广服务接受方（客体）之间建立怎么样的利益联结机制。从我们对各类农业产业链模式的特点分析中可以发现，主要有以下几种实现形式。

合同方式。在农业产业链内部各利益主体（主要是企业与农户）之间通过合同方式来规定双方的权利与义务，其中的核心毫无疑问是价格形成机制。但从密切双方利益关系，降低生产经营风险角度考虑，除价格约束外，合同内容往往会涉及一些其他利益关系，除按合同价格收购农产品外，还免费或以优惠价格提供种子（种苗）、技术、信息等服务，通过开展技术服务，对农户进行补偿。而龙头企业则从自身的利润中来补偿提供技术服务所产生的成本费用与技术人员报酬。比较成功的案例是著名的温氏集团的“龙头企业＋农户”。

合作方式。更多地出现在农民专业经济组织中。如安徽省天长市平安稻业专业合作社由镇农技站牵头成立，以农技服务为龙头、以广大农民为主体、以龙头企业为支撑、以主导产业为基础，实现了优质稻米的产业化经营。合作社成立后，处于中坚位置的农技站一头连着农民和基地，一头连着加工企业和市场，三方形成利益共同体（合作社）。镇农技推广服务部门通过集中举办培训班，推广了水稻旱育稀植技术、无公害化栽培技术、病虫害综合统一防治技术、秸秆还田、测土配方施肥等实用技术；召开观摩现场会，邀请种子企业、稻米加工企业、科技示范户等进行现场观摩，确保新品种顺畅推广，促进水稻品种结构优化；与社员签订技术承包协议，按照农技站制定的技术规程进行生产；分片技术指导，传输信息等

向合作社成员提供全方位的技术服务。技术人员工作经费（技术推广费用与人员报酬）由合作社提供，实行服务收入与绩效挂钩，根据服务数量和质量确定工资、补贴和奖励。

股份合作方式。在科技带动型农业产业链模式中，利益主体是科研单位与农户两个方面。科研单位以科技入股，形成股份公司，其所提供的科技服务与信息成本与报酬等主要通过按股分成的方式实现。在龙头企业带动型的农业产业链模式中，如果龙头企业与农户之间形成的是紧密型的利益联结方式，即公司与农户以产权为纽带，通过参股、合并、收购及重组等方式，农户被“内化”为公司的有机组成部分，成为公司的资产所有者。在这种联结方式下，龙头企业与农户形成新型产权关系，农户不再是单纯的原料提供者，而是产、供、销各环节中平均利润的分享者，无论是龙头企业还是农户（具有一定的技术特长）所提供的技术服务，其成本与报酬的实现方式都是通过按股份分成的方式实现。

三、思考与建议

（1）农业推广服务具有公共物品性质。公共物品的非竞争性和非排他性给产权的界定带来了一定难度。形成了产权的残缺，产权界定的困难导致了外部性和消费行为上的“搭便车”现象。因此一般认为，农业推广服务主要应该由政府或公共部门提供。但根据公共部门经济学原理，只要农业推广服务的供给成本可以基本确定，就存在可以通过各种途径降低成本的可能性，这种可能性就可以转化为市场机制一样的激励机制，从而也为私人部门进入农业推广服务供给领域创造条件。但私人部门参与公益性农业推广服务供给同样存在外部性，即收益外溢的问题，这可通过三种途径解决，一是通过政府补贴（如由政府资助的公共研究部门向私人部门优惠转让科技成果）等形式得到补偿；二是私人部门通过市场谈判与讨价还价等形式与农户达成农业推广服务供给的成本补偿协议；三是私人部门通过产业链延伸等方式将小型农户吸纳进入一体化的农业企业内，达成包括生产技术指导、产品销售等内容在内的契约，从而使农业推广服务供给过程中的收益外溢内在化。

（2）在市场经济条件下，除政府和公益性机构提供的公益性农业技术推广服务以外，任何其他主体所提供的农业技术推广服务以及所形成的相应的农业技术推广服务模式，都必须以实现相应的成本补偿与获取报酬为前提。因此，构建“以国家农业技术推广机构为主导，农村合作经济组织为基础，农业科研、教育等单位和涉农企业广泛参与，分工协作、服务到位、充满活力的多元化基层农业技术推广体系”的关键是要建立农业推广服务供给主体的利益补偿机制，这种利益补偿机制既可以通过政府转移支付、项目支持、政府购买技术服务等形式实现，也可以按市场法则，通过农业推广服务供给主体与客体达成一定的内部或外部交易协议基础上来实现。

（3）推进产业链中的技术链建设是构建基于农业产业链的农业推广服务模式的关键所在。技术链耦合于农业产业链中，产业链各相关利益者在产前、产中、产后价值链上形成产品的有用性，技术链则将农业科学技术转化与推广应用的过程有机连接起来，前者形成了产供销一体化，完成农产品的制造过程，后者提高了农产品科技含量，保证了农产品质量安全，增加了农产品的附加值。因此，技术链的建设与完善，既为农产品价值链的形成提供了保障，同时也有助于探索新型农业推广服务模式，促进先进农业科技推广与应用。在众多的农业产业链模式中，农业龙头企业所扮演的角色十分重要，因此，技术链核心是农业龙头企业的技术创新能力。从总体上看，我国目前的农业龙头企业尚不能成为农业科技自主创新的主体，但已经具备了引进消化吸收新技术与农业技术创新能力，特别是农业科技的扩散与推广等方面能力，因此，推进龙头企业的技术创新是农业产业链中技术链建设之根本。在产业链利益联结机制中，龙头企业除了必须拥有强大的销售网络和加工贮藏等方面能力外，能否提供相应的技术服务，既关系到利益联结机制成败，更关系到农产品的质量安全与产品附加值的提高，以及农产品的竞争力大小，进而影响产业链的利润。此外，技术链的建设还要求接受农业技术推广服务的客体即农户具有良好的技术接纳能力、认知能力与应用能力。

（4）农业合作经济组织是构建基于农业产业链的农业推广服务模式的重要载体。农民合作经济组织是农民自己的组织，完全代表农民的利益。在家庭联产承包经营长期不变，农户分散经营长期存在的情况下，要将千家万户分散的小生产者引入大市场，必须使农民既要成为市场经营主体，又要得到统一经营服务与支持。农业合作组织符合土地等生产资料集体所有权不变，家庭联产承包经营制不变的基本政策，又通过提供销售、技术与市场信息等方面服务，将分散农户组织起来，集体进入市场，实现产品价值，并且更有助于农业新技术与新成果的大规模、大范围、集成式推广与应用，当前特别要鼓励发展由农业龙头企业、科研单位、基层农业推广部门以及农村经营、技术能人领办或参股的农民合作组织，把农民专业合作组织作为先进实用农业科技扩散与推广的重要基地。同时，鼓励基层农业推广服务体系改革后分流的农技人员加入农民合作组织等农村社会化服务组织，通过提供技术服务，促进农业合作组织等内部技术扩散与推广，同时，获得相应的报酬（或工资报酬或分红等）。

第六章
调研报告

一、湖北省公安县基层农技推广体系改革试点工作的调查研究

湖北省公安县是2003年4月经国务院同意，由农业部、中央编办、科技部、财政部、人事部共同批准在全国进行基层农技推广体系改革试点的十个县（市）之一。2006年上半年，我们对公安县的试点工作进行了实地调研。本文在总结湖北省公安县基层农技推广体系改革试点基本情况的基础上，总结了以县级农技推广单位为中心在各乡镇派驻农技推广机构，把经营性服务为主的乡镇农技推广单位整体转制为企业及其独立核算、自行消化债务等一些值得借鉴和推广的经验；指出了县级财政困难和富裕人员难以分流两个基层农技推广机构改革中存在的主要问题；提出了将目前被定位为公益性农技推广机构职能的执法与技术质量监测职能划归政府部门、建立中央农技推广机构改革专项资金以及公益性农业技术推广专项资金、大力扶持多元化农业推广服务体系及加快全国重大动物疫病防疫体系建设的政策建议。

（一）基本情况

公安县农技推广体系由农业（种植业）、农机、畜牧、水产、农经五个部门组成，分别归县各业务局管理。县农业、水产、农经局直属县政府，农机、畜牧局为事业单位，隶属县农业局管理。全县下辖十六个乡（镇），每个乡镇都设有农技推广五站，由县主管局和乡镇政府双重管理，以主管局管理为主。

公安县根据农业部、中央编办、科技部、财政部共同印发的《关于开展基层农技推广体系改革试点工作的意见》（以下简称《意见》）的精神，由县长牵头建立了公安县基层农技推广体系改革试点工作领导小组，并以强化乡镇农技推广机构改革，实行公益性职能与经营服务项目分离、发展多元化农技服务组织、创新农技推广体制和机制，因地制宜处理好改革、发展与稳定的关系，推进农技推广事业的健康发展为目标，按照政事分开，事企分离的原则，在稳定公益性，搞活经营性，重组优化农技推广队伍，安置分流人员，处理化解债务等方面进行了有益的探索。

1. 重新界定了全县政府农技推广机构的公益性职能

公安县根据县政府行政部门设置以及目前推广队伍的现状，以《意见》为指导，将全县农技推广机构划分为种植、畜牧、农机、水产四大产业技术推广机构，职能界定如下：

（1）种植业技术推广机构。宣传贯彻落实党和政府的有关方针政策；承担国家法律法规授权的执法和行政管理，关键技术与品种的引进、试验、示范和推广；负责植物病虫害及灾情的监测、预报、防治、处置与保护，农业生产的质量品质安全检测、监测和强制性植物检疫，农业资源、生态环境的使用监测工作；负责农业信息服务、公共培训教育等。

（2）畜牧技术推广机构。宣传贯彻落实党和政府有关发展畜牧业的方针政策；承担国家动物疫情监测、预防，指令性动物防疫、检疫、监督，行使畜牧兽医管理及行政执法职能；开展科技推广、畜牧技术培训、咨询与普及工作；负责优良畜禽、饲草、饲料的生产利用和资源开发。

（3）农机技术推广机构。宣传贯彻落实党和政府关于农机化工作的方针政策和法律法规；配合新机具、新技术的推广及农机产品使用质量监督，培植、引导、指导农机新机具作业示范户和专业户；负责农业机械的使用管理，做好农业抗灾所需农机具的组织调配、安装调试与技术指导；实施农机安全生产监督管理和安全宣传教育等。

（4）水产技术推广机构。宣传贯彻落实党和政府有关水产业的各项方针政策；承担法律法规授权的执法和行政管理；负责关键技术的引进、试验、示范；病害灾情的监测、预报、防治和处置，水产品生产过程中的质量安全检测、监测和强制性检疫，渔业资源、渔业生态环境和渔业投入品使用监测；渔业资源增值保护和管理，维护渔业生产正常秩序，维护生产者合法权益；渔业产前、产中、产后系列化服务等。

2. 以县级农技推广单位及其乡镇派出机构为基础，制定了新型农技推广机构设置及人员定编方案

（1）种植业。以乡镇为单位设置农业技术推广工作站，作为县农业技术推广中心的派驻机构，不具备独立的法人资格，人、财、物由县农业技术推广中心统一管理，按666.7～1 000hm^2 耕地配备1名农技推广人员的标准全县核定编制89名（注：在2006年底，县农技推广中心重新按照1 333.3～1 666.7hm^2 配备1名农技人员的标准，由县编办核定事业编制54名，其中下派乡镇从事公益性农技推广服务人员为46名）。

（2）畜牧业。成立公安县动物防疫监督总站，与县畜牧局合署办公，在各乡镇设立动物防疫监督分站作为派出机构，按 2 000 个农户配备 1 名畜牧防检人员的标准核定编制 100 名。

（3）农机。组建 8 个农机技术推广区域站，按 7 000kW 配备 1 名农技推广人员的标准核定编制 16 名。确定了 8 个区域站的机构设置地点及辖区范围。

（4）水产。设立公安县水产技术推广中心和 8 个水产技术推广区域站，按 1 000hm^2 养殖水面配备 1 名水产技术推广人员的标准核定编制 16 名。确定了 8 个区域站的机构设置地点及辖区范围。

（5）农经管理。以乡镇为单位设立 16 个农经站，核定编制 93 名，其经营管理工作纳入乡镇政府职能。

3. 种植业推广机构改革已经取得了较大进展

自 2001 年以来，公安县已对原有种植业、畜牧业、水产、农机、农业经营管理等农技推广机构进行了不同程度的改革和完善，尤其是在种植业领域取得了较大突破。对种植业技术推广体系改革，公安县先后采取了以下措施：

（1）把公安县农业技术推广中心定编为事业单位，隶属县农业局管理。16 个乡镇的农业技术推广站被划出了事业单位序列，整体转制为企业。

（2）县农业局在原乡镇农技人员中，分两次择优招聘了 50 名农技推广员，人、财、物归县农技中心统一管理，人员被分派到各乡镇，业务上受县农业局、县农技中心和当地党委政府的领导，具体负责派驻乡镇的农技推广工作。

（3）对整体转制为企业的原乡镇农技站，5 个资产大于债务的，实行内部改制，资产重组，股份制经营；5 个资债相抵略有亏损的按资产债务情况分比例进行清偿安置；6 个严重资不抵债的，整体转制，依法实施破产。

（4）对退休人员、老农技推广人员实行了比较妥善的安置办法。乡镇农技站共有21位退休人员，县农业局筹资33.6万元，县政府减免29.4万元，为退休人员一次性投保，退休人员已从2001年9月1日起到劳动保险机构领取退休金。对39位已基本丧失劳动能力的未退休老农技人员，按照每人每年4 000元的基本生活费发放到人，并逐年为其投保。

（5）制定了《公安县农业技术推广体系建设管理实施办法》，《公安县农业技术推广中心内部运行管理办法》等较为规范的管理性文件，明确了县农技中心与乡镇农技推广工作站，工作站与农技推广员各自的权利与义务。

（二）经验总结

1. 以县级农技推广单位为中心，在各乡镇派出农技推广机构，是设置乡镇一级国家农技推广机构及实行县乡垂直管理的一种途径

为减轻农民负担，巩固农村税费改革成果，进一步解放农村社会生产力，《中共湖北省委湖北省人民政府关于推进乡镇综合配套改革的意见（试行）》要求，全省各乡镇要坚持精简、统一、效能的原则，压缩机构编制，降低行政成本，提高行政效率，从紧设置乡镇工作机构，每个乡镇设3个内设机构（党政综合办公室〈加挂综治办的牌子〉、经济发展办公室、社会事务办公室），一个直属事业单位（财政所）。以《意见》精神为指导，根据湖北省委省政府的新要求，公安县对全县最大的种植业技术推广体系，强化了县农技中心的功能，并通过一定的考评程序，从原乡镇推广站中选拔优秀人员，人、财、物由县农技中心统一管理，人员分派到各乡镇，业务上县、乡两级领导，具体负责派驻乡镇农技推广工作。

这种做法的可取之处，是与地方政府机构改革相适应，强化了县级业务主管部门对乡镇农技推广机构的领导和业务指导，同时，又能将乡镇农技推广工作纳入乡镇政府的职责范围。

2. 对以经营性服务为主的乡镇农业技术推广单位，整体转制为企业，是放活经营性农技推广工作，有效分流人员并保证经营性农技推广服务工作及其人员队伍连续稳定的一条出路

根据前述方案确定机构设置及人员定编后，公安县把创办经营服务型经济实体和兴办各类科技示范场作为安置分流人员的主要出路。原乡镇农技推广站（种植业技术推广站）整体改制为企业，开展技术咨询、农资经营服务，并将发挥农业合作经济组织的作用；原乡镇畜牧兽医站，也整体改制为经营服务性经济实体，开展动物诊疗、阉割等经营性活动，并发挥畜牧合作经济组织的职能，由县畜牧局对其进行企业化管理和行业管理（关于湖北省全省乡镇动物防疫机构的改革见《“省人民政府办公厅关于转发湖北省乡镇动物防疫机构改革工作意见的通知”鄂政办发［2004］144 号》，以后的改革发展见《“湖北省人民政府关于推进畜牧兽医管理体制改革的意见”鄂政发［2007］3 号》。

从长远来看，大力发展经营性农业社会化服务体系，是我国多元化农业推广服务体系的重要组成部分。在经公开、公平、公正的选拔程序选择符合公益性农业技术推广的人员进入县农技中心后，其他人员随乡镇推广站整体转制为企业，避免了在同一单位实施不同政策进行人员分流的诸多麻烦，同时，作为一支相对完整的力量，可继续为基层农业推广和农业农村经济发展服务。

3. 对转制为企业的农技推广机构，实行独立核算、自行消化的原则化解债务，以及对严重资不抵债的实施破产，是财政困难地区推进基层农技推广体系改革的重要手段

公安县仅 16 个乡镇种植业农技推广站，外债总额达 1 100 万元，债务成分复杂，其中有 700 万元属于社会债务，400 万元属于内部职工债务。公安县每年需要国家财政转移支付 5 000 多万元，无力承担全县农技推广机构的庞大债务。对转制为企业的原各乡镇农技推广机构（种植业）的债务化解，公安县按照独立核算，自行消化的原则，分门别类采取了不同的做法。比较有代表性的做法是，对资大于债的乡镇农技站，通过经营性资产评估变现，实施内部改制，实行自主经营，自负盈亏，自我管理，与主管局脱钩；对资小于债的乡镇农技站实行公益性和经营性分离，与债权方达成协议，根据资产状况按比例清偿债务，安置职工；对于严重资不抵债的，依法实施破产，化解单位债务包袱。

化解债务，是经营性农业科技推广机构改革与发展的重要前提条件，对于基层农技推广机构的债务问题，不应由政府承担也承担不了的债务，实施自行消化、破产等，在目前也是一种没有其他更好办法的办法。

（三）主要问题

1. 公安县财政难以支持农技推广人员分流的重任，在经营性技术推广活动分离后，也难以保证公益性农技推广服务活动的质量和效果

不包括农经管理站人员在内，公安县种植、畜牧、农机、水产乡镇推广机构，原有 1 192 人。根据新的机构设置方案，需要分流 1 010人。尽管公安县采取了独立核算、自行消化的原则化解债务，甚至启用破产，但债务问题仍然是阻碍人员分流的一个重大问题。如对于转企后严重资不抵债的 6 个原种植业乡镇农技站，因为债务问题，县农业局已经打了 5 起官司，目前也只有一个站进入破产程序。另外一个问题是对于已经离退休的职工，需要统一解决工资待遇与社会保障问题。

另从目前公安县对从事公益性推广人员定编后的财政支持看，县财政按每人每年 1.0 万～1.4 万元的标准实行全额预算。除去人员工资后，已经没有足够的财力为公益性推广服务工作进行必要的基础设施和服务手段建设，这势必影响公益性与经营性职能的真正分离，也影响公益性服务的质量和效果。

2. 对于不能整体转制为企业的农技推广机构，即使按照公开、公平、公正的程序确定了编内人员，与需要分流的人员短期内也无法解除人事劳动关系

公安县对原乡镇种植业技术推广站，整体转制为企业，简化了分流人员与原单位的人事劳动关系。对畜牧业兽医技术推广站，也实行类似的做法。但对于农机、水产推广机构，原单位不便整体转制为企业，分流人员没有更多的出路，无法解除劳动合同，也无法与原单位脱钩。对于县级机构，也存在同样的问题。

（四）政策建议

公安县在基层农技推广体系改革中，面临着自身短时期内难以克服的问题。为此，除湖北省人民政府及公安县的上级单位荆州市人民政府在组织、财政、政策等方面给予公安县有力的支持外，还需要在中央层面进一步加强领导和政策扶持工作。

1. 进一步调整公益性农技推广机构的职能定位，将执法与技术质量监测职能划归政府职能部门

公安县对全县公益性农技推广机构职能的设置，与《意见》的精神相一致，在全县种植、畜牧、水产、农机四大农技推广机构的职能设置中，都有“承担法律法规授权的执法和行政管理”等行政、执法职能。从具体的执行主体来看，在种植、畜牧、水产、农机内部，没有独立的执法人员，都是技术推广人员身兼数职。仍然存在职能宽泛、政事不分问题。

按实际承担的任务，从逻辑上目前我国农技推广服务体系的职能应当划分为 3 个子体系：农技推广体系、执法与技术质量监测体系和经营性农业社会化服务体系。在《意见》当中，对国家农技推广机构的职能定位实际上把公益性农技推广职能和执法与技术质量监测职能合二为一。在实际工作当中，这是两种不同性质的工作，技术推广要体现以农民为核心的服务宗旨，执法与技术质量监测体现的则是国家意志，应该由不同的执行主体完成各自职能。

建议对《意见》进一步修改，在国家农技推广机构的职能中删除执法与技术质量监测等职能，与农经管理职能一样，划归政府部门。

2. 建立中央农技推广机构改革专项资金以及公益性农业技术推广专项资金，出台有利于基层农技推广机构改革的金融财政社保等政策

从公安县的实际情况来看，基层农技推广机构人员成分复杂、债务缠身。虽然改革前也表现为一般意义上的“线断、网破、人散”的局面，但进行改革后，旧账新算，必须面对所有与被改革的机构具有人事劳动关系的所有离退休人员、在职干部、职工以及临时工，需要妥善处理人员安置、分流和社会保障问题；必须面对农技推广机构作为法人所拖欠的所有债务。尽管在具体债务的化解中公安县实行了破产等一些做法，但基层农技推广机构曾作为政府下属的一个事业单位，从管理道义的角度，政府在债务化解中也应发挥应有的作用。

建议中央设立农技推广机构改革专项资金，专门用于财政困难地区基层农技推广体系离退休人员、难以分流人员的安置工作。在进一步广泛调研的基础上，配合改革实施的进一步推进，制定有利于减免基层农技推广机构债务、税收，鼓励分流农技人员创业，妥善安置分流人员医疗、保险的配套政策，包括金融、财政、社保等政策。

与改革相对应，要从立法到具体实施，从中央到地方，建立公益性农业技术推广专项资金，明确中央与地方财政对公益性推广服务体系的投入比例及用途。

3. 大力扶持农民专业协会、新型农村经济合作组织等多元化农业推广服务体系建设

从公安县基层农技推广体系改革的情况看，在政府基层农技推广机构职能精简及人员素质提高以后，随着效能的提高，可基本完成面上重大技术的推广与服务工作，但不能保证适合不同乡村、居民适用技术的进村入户工作，这需要通过企业制度、市场制度以及其他多种非政府制度建设，围绕农民和农业企业的实际需要，构建农业企业科技创新体系，农业推广服务供给的中介组织体系，各种形式的农民专业协会、新型农村经济合作组织，以及包括农业科研教育单位科技教育培训咨询服务等活动在内的，农科教有机结合、产学研一体化发展的多元化农业推广服务体系。

4. 加快全国重大动物疫病防疫体系建设

在 2004 年初，公安县暴发了高致病性禽流感。从公安县改革到位后的动物防疫监督机构设置和人员编制看，畜禽日常防疫工作还能基本满足需求，但对于类似禽流感这样的重大疫情，需要县政府组织动员更广泛的力量。从全国范围看，为有效控制重大动物疫病的暴发和流行，必须从中央到地方，加快建立一套行之有效的与公益性农技推广体系相配套又具有独立性的全国重大动物疫病防疫体系。

二、陕西省西安果友协会调研报告

陕西省西安果友协会成立于 2004 年 11 月。总部设在西安市灞桥区洪庆工业园区。协会目前拥有会员 3 万多人，基本形成了以陕西为主，涉及甘肃、山西、河南、河北五省苹果产区的服务体系，有加盟果友协会 20 家、基层工作站 300 多个、果业专业合作社 217

个，管理层与技术人员队伍中有研究员 1 名、副教授 1 名、硕士 1 名、本科 2 名、大专 6 名。协会成立以来，先后成功举办了 40 多期果树综合管理技术培训班，培训果农 3 000 余人次，合作社发起培训 175 人，理事长培训 64 人，其中有 416 人获得农民职称证书。通过国家主管部门考核，167 人获经纪人证书。开通了中国果业协会网，开展免费咨询服务，出版《陕西果业》。协会选拔培养农民身份的技术指导老师 32 名，常年在基层工作站为果农服务，建立高标准果树示范园 347 个，在当地均产生了良好的经济社会效应。果友协会还和陕、甘、晋、冀、豫五省 20 家农资经销商建立了农资推广联盟。

（一）果友协会的运作机制

协会作为一个平台，其运作机制可简要归纳为以下几方面：产前供应、产中服务、产后销售、产空培训。组织农家、联系商家、结盟厂家、聘请专家。通过协会自办报纸及网站进行生产、技术、销售、市场等信息传播与技术服务。其技术推广体系基本构架是：以协会为平台，依靠承担国家及地方科技项目提供技术支撑，获取最新技术来源，以基层建立工作站为依托，通过培养当地农民老师，服务果友协会会员，辐射果农所在地区，并辅之以《陕西果业》与果业协会信息网的全程实时技术信息服务，形成服务果农会员，直达田间地头的农业技术推广服务体系。整个技术推广与转移的链条为：西安果友协会—各地果友协会—基层工作站—果农合作社/会员，从而有效解决农业技术推广服务的最后一公里问题。

1. 依托科技项目与科研单位，提供果业生产的科技支撑

近年来，西安果友协会承担了现代果业产业技术体系项目（依托协会设立现代果业产业技术体系试验站，项目经费每年 30 万元）和国家果树行业科技项目，2008 年还得到省农业厅和财政厅 10 万

元项目支持。此外，2007年果友协会旬邑分会得到省农业厅和财政厅10万元项目支持，2008年陕西省渭南市长寿塬分会得到省农业厅扶持项目支持10万元，并获得临渭区20万元果库项目扶持。通过组织实施上述项目，不仅完成了果业技术中试、技术推广与成果转化工作，更重要的是在项目实施过程中，以农业部公益性行业（苹果）科研专项经费项目组、西北农林科技大学园艺学院、陕西省果树研究所、陕西省果业局、陕西省果业协会、山西果树所等单位作为技术依托，聘请国内著名果树专家担任协会技术顾问，进行技术指导，培训协会技术骨干和农民老师，为协会与高校和科研单位果业专家建立协作关系奠定了基础，为协会开展技术培训服务与推广工作获得持续的技术支撑。

2. 依托工作站，建立技术培训与推广服务体系关键节点

专家不可能长期固定在一个村子给果农传授技术，而果农素质的提高不是一两天的培训就能解决的问题，怎么办呢？如何解决从乡政府到果农的最后一公里问题呢？关键是建好工作站。在当地协会会员达到50人时，成立工作站（合作社）。协会从站内会员中选聘能人，聘请专家给予技术培训与指导，培养本土农民老师，作为工作站的技术人员，每月由协会安排向站域内的果农会员提供技术指导与培训服务工作，把技术带到田间地头，手把手地教会果农管理技术。同时，协会每季度召开一次农民老师会议，邀请项目组的专家与其进行交流，探讨生产技术问题，更新并提高知识、技术水平。为调动农民老师的积极性，协会还每月向农民老师发1 000元工资，年底根据会员的评议结果，再发奖金3 000～10 000元。

3. 创新技术培训与推广服务方式

协会成立以来，不断探索开展技术培训与推广服务的新方式、新途径，并总结提出外出参观、示范园建设、实地指导、集中培训四大法宝。

一是组织外出参观。解决技术问题首先要解决思想观念问题，组织外出参观优秀果园是解决思想问题的钥匙。通过参观学习，开阔了眼界，解放了思想，找到了差距，技术推广工作中许多难题迎刃而解。近年来，西安果友协会和各地果友协会的基层工作站、合作社广泛发动群众，多方筹集资金，先后组织近10万人次外出参观学习。使得果园树形科学改造技术及栽培新模式深入人心，遍地开花。

二是加强果园实地指导，推进示范园建设。协会聘请30多位农民老师常年在果区巡回指导，一般每个县配备一名老师。保证每个工作站每月服务一次。同时，协会配合行业科技项目，建立示范园347个，指导果园近1 000个，通过建好示范园，带动一大片。

三是开展集中技术培训。技术培训主要包括西安培训和基层培训两个层面。一是由各地果友协会组织选派优秀果农、示范园主、会员到西安协会总部参加为期4天的理论技术培训和实习。聘请大专院校、果树科研单位、政府主管部门的教授、专家授课，通过考核，凡达到国家农民技术职称等级标准者，由主管部门颁发证书。目前已先后举办技术培训班40多期，共培训优秀果农3 000余名。这些学员都成为当地的技术骨干和致富带头人，带动广大会员和果农共同致富。二是强化基层培训。协会聘请各类果树专家、植保专家、配备电教器材和车辆20多套，长期深入基层进行培训，在果树生产管理的关键时期，将技术及时送到田间地头。几年来年，协会共举办各种培训15 000多场次，培训农民达百万人次，其中上千人的大型培训十多次。

四是免费发放技术专刊《陕西果业》和《中国果业协会网》的实时指导。协会办有技术专刊《陕西果业》免费向会员发放，三年来，累计发放达300多万份。《中国果业协会网》是西安果友协会创办的一个对外宣传、交流、沟通的窗口，集博览性、实用性信息交流为一体。内容丰富，图文并茂，技术信息准确可靠。从中可以了解到果树栽培新技术、病虫害综合防治及配套服务的相关内容，还可了解市场行业动态、协会情况、农资、果品等市场信息，已经成为果农不可或缺的了解动态、获取技术、相互交流的重要窗口。

4. 服务范围覆盖产业各环节

协会在做好产中技术服务与产前培训工作的同时，在产前与产后服务方面也进行了有益探索。在产前服务方面：建立了联系商家、结盟厂家、服务农家的新模式。一是协会通过招标方式确定一批资质好的农资企业，其农资产品由果友协会总经销；二是经销商加盟，每个经销商向果友协会交纳加盟费，可成为加盟成员通过果友协会向会员销售农资产品。既确保了农资质量，保护农民利益，也为协会获得了经费方面支持。在产后销售服务方面，一是通过协会自办报纸提供市场信息与销售等方面服务；二是协会注册果品品牌“健康家族”，开展有机果品认证工作；三是协会发起成立陕西农高果业专业合作社，并与 2 家省外果品合作社（广西柳州香蕉及成都柑橘专业合作社），建立销售合作关系，相互开展果品异地销售活动。另外协会还探索与加盟的农资企业合作，由农资企业出面在当地开设果品销售网点，销售协会会员产品。

5. 拓宽经费来源渠道，确保协会正常运转

协会有稳定的经费来源是其长期运转的基础。协会经费来源主要有以下渠道：一是政府各类项目经费，如现代果业产业技术体系试验站项目每年有 30 万元经费支持，主要用于开展中试、技术推广与转化等，再就是省里财政、农业等方面的项目经费支持，主要用于仓贮、冷库、种苗基地等基础设施建设。二是每个会员每年交 30 元会费。三是协会负责介绍推广果园需要的农药和肥料，厂家每年向协会提交销售额的 3% 费用，经销商加盟，每个经销商向果友协会交纳 1.5 万元加盟费等作为协会的收入。

（二）成功经验与面临的困难

西安果友协会从解决果业主产区果园技术差距大、管理水平低、果园平均单产不高、果农组织化程度低、销售困难等问题出发，把单一农户的分散经营与产前、产中、产后的统一服务结合起来，提高了农业社会化服务水平；把传统农业生产经营方式与现代科学技术结合起来，加速了农业科技进步与技术推广应用，探索出基层农业技术推广的新模式，有效地解决了农业技术推广最后一公里问题，其成功经验主要有以下几方面：

一是通过实施项目与科研单位专家建立长期稳定关系，为开展技术培训与推广服务获得了持续新技术来源，既解决了农民对新技术的需求问题，又解决了科研单位科研与生产相结合的问题，有力促进了科技、推广与生产的有机结合。

二是通过政府各类项目的扶持，既促进了协会仓贮、冷库等基础设施建设，同时在实施项目中试、科技成果转化与推广过程中，强化了协会与会员的合作，推进了示范果园建设，扩大了技术推广的辐射面与辐射效果。

三是探索建立的西安果友协会—各地果友协会—基层工作站—果农合作社/会员技术推广链，有效解决农业技术推广服务的最后一公里问题，培养了一支留得住、用得上、不离乡、不离土的农民专家队伍，为长期开展基层农民技术培训与推广服务打下了基础。

四是协会建立的“联系商家、结盟厂家、服务农家”模式，既使协会有了收入来源，确保协会正常运转，又能够无偿为会员提供科技培训与推广等各方面服务，同时通过招标方式确定优秀农资企业，邀经销商加盟等方式也保证了农资的质量，保护了农民的权益。

五是果树产业特点为协会的生存发展创造了条件。果树产业是劳动密集型产业，栽培管理要求高。相同品种、相邻果园由于不同的栽培管理水平，导致产量、品质差异巨大，因此果农对新技术需求更加迫切，这为协会的发展创造了良好的外部环境。

果友协会在发展过程中也面临一些问题和困难需要加以解决。

一是帮助会员销售产品较难。协会以提供技术培训与推广服务为主业务，所提供各类服务主要集中在产前和产中。协会在发展初期，解决了农民对技术服务的需求问题而得到农民的欢迎。随着成员生产的发展，成员要求提供产后销售服务的紧迫性日益突出。然而，协会在这方面的工作进展不大，困难不少。

二是资金不足。由于苹果产区区域非常大，协会的人员、设备、资金等很有限，难以更大范围的、更深层次的推广先进技术，资金缺口很大。目前收入来源仅能维持协会正常运行，要发展壮大，还需要政府在政策、项目等方面给予支持。

三是难以得到基层农业技术推广组织的支持和合作。协会的成立与发展，从某种意义上讲，在会员所在地区果树产业发展中，已经发挥了基层农业推广组织难以发挥的功能。从调研情况看，协会目前基本没有与当地基层农业推广组织建立合作关系，相反在农资经销等领域还形成了竞争关系。

（三）思考与建议

“专业技术协会＋农户”是农业技术推广服务新模式，适应了农民对新技术、新品种的需求，把单一农户的分散经营与产前、产中、产后的统一服务结合起来，可以提高农业的组织化程度，提高农业的社会化服务水平；把传统农业生产经营方式与现代的科学技术结合起来，可以加速农业科技进步；把专业化生产和产业化经营结合起来，可以推动农业向商品化、专业化、现代化发展。鉴此，应当采取积极政策措施，支持其发展。

1. 促进专业技术协会和合作社的合作和共同发展。专业技术协会和合作社都是为农民成员服务的组织，都是农业社会化服务体系的组成部分，两者开展合作，可以实现功能互补。

2. 把专业技术协会纳入农业技术推广体系的重要组成部分。西安果友协会的实践表明，“专业技术协会+农户”模式是构建一主多元农业推广服务体系的有效途径，在没有占用政府基层农业推广资源情况下，承担了相当一部分基层公益性农业推广服务职能，为加快科技成果转化与推广，实施新型农民培训教育，解决农业科技推广最后一公里问题，增加农民收入做出了贡献。为推动专业技术协会的健康发展，根据政府公共支出有关途径，政府可通过购买服务方式对其所从事的公益性农业推广服务提供补偿。

3. 对专业技术协会实施项目支持。适应农民对服务多样化需求的要求，不少专业技术协会在开展技术推广服务的同时，逐步拓展服务内容。为此，政府应实施项目支持，帮助专业技术协会、合作社建设仓贮、包装设施、冷链设施、种苗基地建设、无公害生产基地建设等，以便更好地为成员服务。

三、农业科研单位主导的农业推广服务模式调研报告[①]

农业教育与科研机构作为公益性的非政府组织，以技术、人才等方面的优势，既从事基础性、应用基础性以及应用性技术研究，进行原始创新、集成创新与引进消化吸收再创新，为农业农村发展提供技术储备，同时，面向社会、面向农业与农民开展农业推广服务活动，后者是多元化农业推广服务体系的重要组成部分。

---

① 该调研报告主体工作由中国农业科学院果树研究所程存刚同志完成，特致谢。

近年来，中国农业科学院果树研究所把“推进科技与产业结合，促进科研成果转化，培育新型农民，服务社会主义新农村建设”确定为重要工作任务。通过实施科技项目、科技示范工程、农民实用技术培训工程、信息入户工程等方式，以实施科技项目促进成果转化与科技示范，以科技示范带动农民实用技术培训，以农民实用技术培训推动先进实用技术的扩散与推广，逐步探索出一条科学研究、成果转化、科技推广与农民培训有机结合的农业科技推广新模式，有效地解决了农业科技“最后一公里”的问题，为推动县域主导产业大发展，增加产业效益做出了显著贡献。

（一）基本情况

辽宁省绥中县位于全国苹果、梨优势产业带，果树种植面积4.3万hm^2，年水果产量40万t，果品年产值约5亿元，占全县农业产值的30%，占农民农业平均收入的41%以上，是农民和农村经济的支柱产业。但是绥中县果树产业发展存在扶持政策不尽完善、生产技术较为落后、产业链条衔接不够、产业素质较低等一系列问题，因此，如何调整产业政策、提升产业技术、增加产业效益和实现产业的可持续发展是该县果树产业面临的现实挑战。近年来，中国农业科学院果树研究所就通过实施科技项目的方式，开始介入该县的果树科技推广与服务工作。2007年，在辽宁省科技厅和葫芦岛市科技局的大力支持下，中国农业科学院果树研究所联合绥中县科技开发中心、绥中县果树技术推广总站共同组建了绥中县果树科技特派团，通过近2年的工作，科技特派团在果树产业发展规划、新品种引进与推广、新技术应用与示范、产业服务等多方面开展研究、示范、推广和培训，有力地促进了绥中县果树产业的健康发展，提升了果业产业化水平，取得了较大的经济效益和社会效益。

（二）主要做法

1. 整合项目资源，攻关瓶颈技术

依托辽宁省绥中县与中国农业科学院果树研究所构建的技术合作平台，实施项目联动。目前，该所在绥中县实施的国家级项目有2个科技部科技成果转化项目，1个农业部跨越计划项目，3个农业行业计划项目、1个农业部新型农民培训工程项目和1个省级科技产业化项目，吸引项目经费在800万元以上。另外，充分发挥地方政府在新农村建设和农民培训方面的积极性。2007年12月该所与辽宁省葫芦岛市科技局联合开展了为期1个月的葫芦岛市农民实用技能培训班，2008年4月又与辽宁省科技厅等单位合作开展了为期4个月的辽宁省农民技术员培训班，辽宁省绥中县共培训果农和技术人员60余人。这些为科技成果转化和各个项目工作的顺利开展奠定了良好的人才基础，培养了一批研究所的“嫡系部队”和扎根农村的“懂技术、会管理、善经营”的“不走的专家”。

同时，针对辽宁省绥中县果树产业存在的问题，一是引进新品种，特派团共引进果树优良品种11个，在高岭镇兴隆村、西甸子镇户尚村、明水乡张富村新建3个新品种和幼树示范基地，面积$100hm^2$。二是在新建果园全面推广新型的果园土壤管理制度、纺锤树形、拉枝技术和病虫害预测及防治技术。目前，新发展果树中，采用优新品种和现代技术果园比例在80%以上，促进了产业内部的结构调整。三是在构建老果园控冠改形技术标准化和技术体系方面、现代苹果生产技术体系建立以及绥中白梨优质高效生产关键技术方面开展攻关研究，解决制约产业发展的技术瓶颈，为产业发展提供技术支撑。

2. 建好示范基地，展示优新成果

建设示范基地是加速科技成果转化的有效手段，可充分发挥以

点带面、典型引路、能人带路的作用，保证果农“看得见、摸得着、学得会”。根据多年经验，在示范基地选择上，必须坚持以下几个原则：一是优先考虑产业基础，果业必须是该村的支柱产业；二是优先考虑果农合作组织，以便更好地组织、调动果农开展技术培训等工作；三是示范基地核心示范园果农必须相信科技、听话和有一定的投入能力，严格按照技术要求进行生产。近年来该所先后在绥中县李家、西甸子、前所、高岭、明水等地建立示范基地6个。总面积在400hm^{2}左右。

3. 强化培训服务，提高果农素质

一是统一培训标准，简化高新技术。对果农开展技术培训是加速科技成果转化的重要途径。在每次培训之前，该所先对全体培训专家进行统一培训，明确培训任务和技术指标，做到复杂技术简单化、简单技术标准化。如在推广控冠改形技术时，以“脱裙子、摘帽子、卸膀子、开窗子”等果农容易理解和记忆的形式对应“提干、落头、疏侧枝和竞争枝”等专业术语，确保培训效果，目前控冠改形技术在辽宁省绥中县得到了广泛应用。同时，在技术选择上，结合生产特点，重点推广了树体控冠改形、早疏花果、壁蜂授粉、果实套袋、果园生草覆盖、无公害病虫防治6大省工、节本增效技术。

二是集中办班培训，强化现场指导。为强化果农理论基础，该所针对辽宁省绥中县果树生产现状，制定了一套跨年度的培训计划，培训内容针对绥中县果树生产中存在的问题进行编制，具有针对性强、实用、适用等特点。对推广的新技术要求专家必须将课堂教学与田间指导相结合，先集中讲解，再实际操作。即转变果农观念看着多媒体讲，不同品种优缺点指着树上讲，整形修剪、疏花疏果带着剪子讲，病虫防治、推荐农药对着实物讲，保证果农“一听就懂、一看就会、一用就灵”。在培训时间上，根据果树生产的关键时期，提前1周左右进行培训，保证果农学了就用，强化了培训效果。

三是编写实用手册，利用现代媒体。通过专家讲课、技术培训和发放技术资料等方式积极宣传已经建立的中国果农热线（热线电话0429—3598126）和手机短信服务（13942923602）等培训、咨询服务平台，并依托这些现代媒体平台开展多种形式的技术咨询服务，解答果农提出的问题，推广和展示该所科技成果。至今共接受农民技术咨询电话120余次，利用手机短信服务系统解答农民提问100多次，为果农发送果树生产服务短信8 000余条。另外与辽宁省葫芦岛电视台、葫芦岛广播电台、葫芦岛日报等单位保持密切联系，充分发挥其传播面广、受众多等特点，宣传果树新品种、新技术。先后参加葫芦岛电台“面对面”栏目2次、葫芦岛广播电台“在线专题直播”栏目5次，并在葫芦岛日报“专家论坛”栏目发表了有关新技术的文章。同时，组织各方面专家编写了7本实用技术小册子和9本培训教材，免费发放给果农。

4. 发挥协会作用，探索服务模式

与原有的农业技术推广体系相比，果农协会对技术的需求具有主动性、自愿性特点，依托现有的果农合作社、果农协会可以快速推动新技术的普及和科技成果的转化。在中国农业科学院果树研究所已建立的示范基地中，有3个是依托果农协会，各有会员300～500人，保证了集中培训和技术推广的顺利进行。另外，对协会开展项目宣传，将各级协会纳入到项目实施过程中，可以充分发挥其积极作用，保证各类项目的顺利实施。

（三）主要成效

1. 引进了更新换代优良品种，促进了结构调整

到目前为止，共引进果树优良品种11个，在辽宁省绥中县高岭镇兴隆村、李家堡乡张家村和李家村、西甸子镇户尚村建立以苹果新品种为主的幼树示范基地 100hm^2。对新建果园制定了配套管理技术，推广新型的果园土壤管理制度、纺锤树形、拉枝技术和病虫害预测及防治技术。目前，新发展果树中，采用优新品种和现代技术果园比例在 80% 以上，有力地促进了果树产业内部的结构调整。

2. 建立了高效生产示范基地，促进了技术升级

2007 年绥中李家镇铁厂村 66.7hm^2 苹果示范基地采果时的调查表明，采用新技术的果园全红果率达 30%，优质果率达到 75% 以上，果园用药次数普遍从原来的 12～15 次减少到现在的 6～8 次，果品达到农业部制定的无公害果品行业标准要求，仅病虫害防治一项，果园每年即可节约成本 3 000 元/hm^2 左右。苹果价格也由去年的 2.8 元/kg 提高到 3.6 元/kg，增加 20%，与对照果园相比，示范园经济效益增加 3 万元/hm^2 以上，示范基地增收 200 万元左右。辽宁省绥中县西甸子安马村 100hm^2 示范基地采用壁蜂授粉代替原来的人工授粉，果园减少人工费用 2 250 元/hm^2，示范基地年节省费用 22.5 万元。该基地 2007 年苹果全红果率达 40%，纯收入约 900 万元，极大地带动了周围果农应用新技术的热情。

3. 开展了大规模技术培训，从人才上为果业发展提供了保障

除在示范基地所在村屯开展培训外，中国农业科学院果树研究所与地方业务部门合作，在果树主产区的李家、高岭、前所、西甸子、明水、葛家等乡镇管辖的 30 多个村屯进行大规模技术服务和培训。近 2 年来，依托项目支撑，通过多种培训手段，该所专家培训绥中县果农累计超过 25 000 人，发放各类果树实用技术手册 14 000 余册。按新技术辐射面积 0.67 万 hm^2、增收 7 500 元/hm^2 计，仅 2007 年全县果业增收就在 5 000 万元以上。

4. 制定了县域果业发展规划，从政策上保证了产业的持续发展

中国农业科学院果树研究所与辽宁省绥中县有关部门联合编写

的绥中县果树产业发展规划从发展任务、目标、措施、扶持政策等多方面提出了切实可行的建议，为县政府制定相关工作计划提供了参考依据，有利于促进产业的持续、稳定发展。2007 年辽宁省绥中县政府列支专项财政资金 100 万元，开展新老果园改建及新建工作，支持优质果评选活动以及对果树产业的宣传、奖励等，为果树产业发展提供了较好的政策环境。

（四）该模式的主要经验

一是科研部门在实施科研项目、扩散推广技术与组织农民培训过程中必须与当地政府尤其是特派所在乡镇、村屯等基层组织以及县科技部门、农技推广部门紧密配合，搭建工作平台，实现项目联动，共同推动推广项目实施，促进产业发展。二是抓住重点乡镇、村屯建立示范基地，以点带面，形成技术传播与扩散体系，关键是要发挥好科研单位在技术推广方面引领作用与示范作用。三是技术培训是核心内容，突出技术培训内容的新颖性、时间的连续性、手段的多样性，尤其应注重现代媒体的作用，如电视、报纸、网络等。四是抓住果农需求，推广的技术要实用、适用、有效。五是加强与果农协会联系，开展全方位合作，发挥其桥梁作用。

第七章
部分国家农业推广服务体系的变迁

一、荷兰农业推广服务体系的变迁

荷兰创造的令世人震惊的农业奇迹，除了良好的自然条件、有利的国际贸易环境、完备的农业社会化服务体系等因素外，在很大程度上应该归因于荷兰建立了以服务农民为宗旨、以农业科研、教育、推广“三位一体”密不可分的全国性农业知识网络为核心的农业推广服务制度。通过这个网络，农业科研的最新知识 6 周以内可以传播到每个农户，一项新技术 1～2 年内可以在全国推广普及。荷兰农业专家德·威特博士认为，荷兰农业知识网络与农业合作制密切结合，可以看作是荷兰农业模式的基础，是荷兰农业几十年来大发展，一跃成为世界农业强国的主要推动力量。

在荷兰，农业推广的含义是，自觉运用信息交流，帮助农民形成科学的见解，并做出正确的决策。其主要任务是，帮助农民分析现状，建立未来的目标，进而帮助农民提高知识和技能，做出正确决策，鼓励农民执行正确决策，指导农民在执行决策中进行适当的改进，以达到理想的预期效果。

（一）战前荷兰农业推广服务制度发展沿革

荷兰农业推广的历史可追溯到19世纪。荷兰的农业基本上属自给性的传统农业，技术水平低下，农业人口占总人口的80%。为发展农业，教堂的牧师们开始对教徒们进行农业知识方面的教育，并建议政府要重视农业知识的传授。在1850年左右，农业技术推广工作第一次走向社会，其主要做法是由政府出资雇佣10名“步行老师”（Walking Teacher），这些“步行老师”既当农校的老师，又当农业推广员，白天教学，晚上和冬天给农民讲课，传授农业技术知识。19世纪末，荷兰开始建立各种类型的农业合作社。这些合作组织的出现，对当时的农业推广也起了一定的推动作用。

到20世纪20年代，第一次世界大战爆发，荷兰虽处于中立的地位，但国家经济仍然受到了一定程度的影响，农业仅维持低水平的增长。随着人工合成肥料的引进和农业垦植的开始，政府雇佣约100人从事专门的农业咨询工作，这些人员的主要任务是帮助农民，特别是帮助小农，向农民示范各种技术。与此同时，各种农民组织和合作社也开始雇佣一些农业咨询人员。

第二次世界大战期间，荷兰农业出现了严重的危机。为了度过难关，政府进一步加强对农业生产的指导工作，因此，农业推广人员也逐步增加到了300人左右。到1945年时，农业推广队伍已扩大到了1 420人。当时农业推广工作的重点主要是：①建立示范户和综合示范区，为广大的农民树立样板。②成立农业机械合作社，让农民互助共进。③帮助农民进行投入、产出的分析，提高农民经营农场的水平。④协助做好各种补贴和信贷的发放工作。

（二）战后荷兰农业推广服务制度变迁及原因

20世纪50年代，荷兰农业开始崛起。在美国的帮助下，荷兰

不仅引进了大量先进的农业技术、农业机械、化肥、农药等，而且外派一大批人赴美国学习农业推广。与此同时，荷兰国内也开始建立各种农业技术学校。

纵观战后荷兰农业推广服务供给制度的发展改革，可将其分为三个阶段。

1. 第一阶段：20 世纪 50 年代初至 60 年代末，农业推广服务逐步向专业化发展

主要特征表现为农业推广服务机构和人员由种植业、畜牧业混合服务转向设立种植业、畜牧业分开服务的专门推广机构；种植业内部由综合服务转向以大田作物为主和以蔬菜、花卉为主的区域性专业推广服务机构。这个时期的农业推广服务主要集中在奶牛、蔬菜、花卉等领域的农业技术服务和指导。

全国还按自然区划设有 12 个研究试验站，每个试验站下设试验场，这些试验站、场主要开展应用科学研究，同时也为农民提供试验示范。此外，在国家级的研究所和试验站附近还设有 20 个对应的联络办公室，负责协调科研、教育、推广之间的关系，为一线农业推广人员提供最新的农业科研成果。

变迁原因：

（1）第二次世界大战后，荷兰面临着严重的食品短缺问题，如何迅速恢复生产，增加农产品供给，解决人民的吃饭问题，成为政府的当务之急。从 20 世纪 50 年代开始，政府重视基础设施建设，投入大量资金兴修水利、消除水患，修筑防洪大堤、大坝，实施三角洲防洪工程、围海造田工程等，极大地促进了荷兰农业生产的发展。同时，政府采取与农民交换土地的办法，促使小规模农场变成规模较大的农场，实现农业生产向规模化发展，这些措施的推行取得了明显的成效，使荷兰农产品生产在较短的时间内由短缺变成富足有余。

（2）在基本解决温饱问题以后，政府开始制定和实施适合本国国情的农业发展战略，充分发挥农业比较优势，坚持以节约土地，提高单位土地生产率为目标，不断调整农业结构和生产布局，逐步削减了不具生产优势的土地密集型大田作物，增加资金和技术投入大力发展畜牧、蔬菜和园艺等高效农业，使农业生产逐步向专业化、产业化、集约化、设施化方向发展。

（3）适应荷兰农业生产发展的变化和需要，在借鉴和学习美国模式的基础上，建立了以农渔部、应用科学研究组织、瓦赫宁根农业大学、马德勒支兽医学院和农业合作社或私人企业五大系统下属研究所、地区试验站、研究中心为主体的农业科研、教育体系，以农渔部及其下设机构、地区推广站、推广队为主体的农业推广体系，并在农业科研、教育、推广方面不断细化领域，设置了分工更细的研究所和试验站，强化了育种、蔬菜、花卉、奶牛、温室农业、农产品加工、计算机技术、生物技术等领域的研究、教育和技术推广服务。

2. 第二阶段：20 世纪 70 年代初至 80 年代末，以农业科研、教育和推广三结合为核心，构建农业推广服务供给的“农业知识信息系统”

20 世纪 70 年代初至 80 年代末，以农业科研、教育和推广三结合为核心，以民间农业推广服务力量为补充，构建农业推广服务供给的“农业知识信息系统”，因此，这个时期的农业推广服务供给制度包括政府主导的农业推广服务供给体系和民间农业推广服务供给体系。

政府主导的农业推广服务供给体系，实施以农业科研、教育、推广三位一体的合作推广机制。荷兰农民在从这个系统中不断获得最新科技信息和管理方法，并在实践中应用的同时，也将实际应用结果和生产中遇到的技术难题通过系统及时反馈到研究、教育、推

广及政府有关部门，使农业科研、教育、推广及农业科技政策更适应实际，更适应农民的需要。民间农业推广服务供给制度，包括各种形式的农民组织、农民合作组织、农业协会、行业协会以及商贸系统、企业的技术服务部门以及私人咨询服务机构等，这些农业推广组织、机构在不同区域、不同领域、不同产品等方面提供技术、经济、社会全方位的服务，构成了极为发达的民间农业推广网络。是荷兰农业推广体系中第一层次（直接为农民提供各种服务）的重要力量。

这个时期的农业推广服务是涵盖广泛的农业推广，除传统种植业、畜牧业生产的技术推广（良种、良法、化肥、农药、饲料、农机具等）外，还包括农产品加工、农产品流通、农产品出口、农场经营管理（记账、成本核算、投资分析等）、农村社会经济生活（如农村家政、法律事务、经济合同关系处理等）等各个方面服务，基本上涉及农民生产、生活的主要方面。

归纳起来，荷兰农业知识信息系统主要有7个显著特点，即：面向实际、面向农民；分布在全国各地，联通每个农户；与内外部环境相适应，并进行动态调整；知识和信息的开放交流；组织结构层次分明、职责明确；适合农业生产不同层次、不同阶段的实际需求；政府部门和农业企业、农民组织及农民之间，农业研究、教育及推广机构之间的密切合作关系。

变迁原因：

（1）随着农业生产水平的不断提高，农产品供大于求的矛盾日益突出，政府开始对农业生产实行限制与保护并举的政策。与此同时，消费市场对优质、高档农产品的需求呈日益上升趋势，针对这一情况，政府开始将农业生产的重点由注重农产品数量转向注重农产品质量，鼓励发展优质高档农产品，并加大了对农业科研、教育及技术推广的支持力度，政府认为，更多的知识投入是改变农业的唯一方式。

（2）荷兰国土面积小，人口 1 500 万左右，农产品市场容量极为有限，农业生产的快速发展，不可避免地产生农产品过剩的问题，迫使荷兰必须开发国际市场，大力发展外向型创汇农业，让荷兰农业参与国际竞争。因此，依靠科技进步，提高荷兰农产品的国际市场竞争能力成为荷兰农业发展战略的重要选择。

（3）民间组织得到快速发展。荷兰农业以规模相对较小的初级农业生产结构为特点，大多数农场均是家庭式经营，很少有大型的工业化企业集团农场。由于生产规模较小，市场竞争力弱，农民的经济利益难以得到保障。为了在激烈的市场竞争中取得最大的经济利益。农民自发地结合起来，建立了各种形式的农业经济合作组织。随着荷兰农业的发展，这些合作组织的服务功能不断扩展，不再局限于生产资料的集中购买、产品的集中销售等服务，而是发展到为会员提供技术、经济、社会全方位的服务；此外，一些私人企业为了推销自己的技术和产品，也加强了对农民的推广服务供给。

（4）以信息技术、生物技术为特征的农业科技革命，为荷兰发展外向型创汇农业、提高农产品国际市场竞争能力提供了强大的科技支撑，农业科学技术突飞猛进的发展，使优良新品种、新技术、新材料源源不断地应用于农业生产过程中，为了使农业新技术、新信息快捷地传递到每个农户，将这种潜在生产力转变为现实生产力，客观上需要建立多层次、多形式、多成分的农业推广服务供给制度，这种需求极大地推动了农业科研、农业教育、农民合作组织、社会其他组织和机构参与农业推广服务进程。

因此，加强多层次、多形式、多成分农业推广服务供给主体的管理、联系、协调与合作，建立农业知识信息系统成为荷兰实现农业外向发展战略，提高农产品国际竞争能力的现实要求。

3. 第三阶段：20 世纪 90 年代以后，农业知识信息系统改革

20 世纪 90 年代以后，农业推广服务供给制度的主要特征是农

业知识信息系统改革。1990 年以前，荷兰国家主导的农业推广服务供给制度，农业推广服务的全部费用由国家承担，农业推广部门的职责主要是向农民提供技术指导和解释政府的农业政策。1990 年，政府开始了农业推广服务供给制度的私有化改革，政府要求农民开始分担农业推广服务的费用。从 1993 年起，政府负担农业推广费用的 95%，农民负担 5% 的农业推广费用，之后农民负担费用逐年增加 5%，到 2003 年政府和农民各承担 50% 为止。在此基础上，政府保留 11 个区域办公室（每个办公室 10～12 人）以及几个信息和知识中心，这些中心主要负责培训私人推广人员并保持农业推广与科研、教育之间的联系，部分区域办公室交由区域农民协会管理。政府还保留了国家级推广和科研联络办公室，以便为其他各种农业推广机构提供最新的科研成果。在这种改革背景下，政府在农业推广服务方面的日常工作全部交给农民协会来管理，政府的参与主要是通过提供补助来实现。随着政府农业推广服务供给制度改革的完成，以农民合作组织、农业协会、行业协会、农业企业、私人推广机构为主导的民间农业推广组织和机构在农业推广服务供给中日益显现出越来越重要的作用。

变迁原因：

（1）随着荷兰农业的高速发展，农业生产也带来了一些问题，突出地表现为：一是农产品生产过剩，国际国内市场有限，在农产品出口上需要花费巨额资金进行补贴；二是农业生产所产生的环境污染问题日益严重，养殖业总体规模过大，以致畜禽粪便无法处理，对环境质量构成极大威胁。

（2）从整个国际社会发展看，全球性的人口、资源、环境问题正成为世界各国高度关注的主要内容，出现了以保护资源和环境为前提的可持续发展思想，特别是从生态环境保护角度对农业发展提出了新的要求，1991 年 4 月 15～19 日，在荷兰登博斯召开了有 124

个国家参加的《国际农业与环境会议》，会议通过了登博斯宣言和行动纲领，提出了“可持续农业和农村发展”的战略决策。

（3）经济发展、社会进步、环境保护的要求，使荷兰政府需要为社会提供更多的公共服务，也迫使政府开始逐渐缩减对科研院所和推广部门的经费投入，民间农业推广力量的快速发展为国家农业推广服务供给私有化改革创造了条件。此外，由于科学技术发展日新月异，农业技术的专业性不断加深，国家推广人员感到越来越困难去了解所有的技术细节，而农民在这方面的需求在增强，各种民间农业推广人员在这方面非常有优势，也强化了政府进行改革的决心。

（4）荷兰政府对农业研究、推广体系和部门的私有化改革，目的是为了吸引更多的资金支持，强化更有力的责任制管理，为科学研究注入更多的活力，只是督促鼓励科研面向生产、面向市场的一种有效的手段，而绝不是为了实现私有制。

二、日本农业推广服务体系的变迁

日本早期的农业推广工作始于19世纪70年代。当时，47个都、道、府、县（广岛除外）都建有以农民为主的民间农业推广组织，开始半官半民的农业推广活动。第二次世界大战结束时，日本农业濒临崩溃，推广工作也陷于瘫痪。为了振兴农业，1948年日本国会通过了《农业改良促进法》，并开始依法建立农业推广体系，开展农业推广服务工作。多年来，经过一系列的改革和完善，日本现已形成别具特色的农业推广事业。

（一）战前日本农业推广服务制度的发展

日本明治维新以前，农业是日本国民经济的主要部门，70%的

居民从事农业生产。但由于各种封建统治的束缚，农业生产力发展缓慢，国民收入不高，人民生活水平很低。因此，农业中的主要生产部门如水稻、麦类、杂粮等，以解决温饱为目的。但是，明治以后到第二次世界大战以前，情况发生了很大变化。明治改革促进了资本主义工业的发展，为农业提供的生产和生活资料增加，农业生产力有较大提高。19 世纪 70 年代，日本从欧美输入了农机具、肥料、农作物品种、牲畜饲养方法，自己建立了农具制造厂、育种场、农业实验场，同时学习欧美的先进农业技术，开始了初步的农业推广服务，上至天皇，下至平民都非常重视农业推广。

当时日本主要以小农经济为主，人口众多，土地面积狭小，经济力量有限，不可能采用大型农业机具，因此推广主要以多投劳动力和增施肥料、改善栽培技术和改良作物品种为中心，这些技术推广服务措施不仅促进了农业劳动生产率和土地生产率有不同程度的提高，而且相应提高了农业的劳动集约化程度，使农业更加精耕细作。总体来看，直至第二次世界大战前，日本的农业推广服务仍处于准备阶段，服务范围狭小，服务内容贫乏，农业发展也处于停滞之中，农业发展远远落后于国民经济发展的需要。

（二）战后日本农业推广服务制度的变迁及其原因

第二次世界大战以后，日本迅速发展工业，一度使农业占国民经济的份额下降到 3% 以下，农用地占国土面积的比重下降到 15% 以下。但是由于政府执行确保农产品自给率在 70% 以上的经济政策，对农业的补贴和支持增加。这样，在农业总规模缩小的情况下，日本农业并没有随之严重萎缩衰退，相反，稻米等大宗农产品还能自给有余。在工业化过程中，农业得到了相对持续的发展，这不能不归功于日本对农业推广的重视和大量投入。

日本农业推广事业的发展是随着农业和农村整体情况变化的。

大体上可以分为以下三个阶段。

1. 第一阶段：第二次世界大战后至20世纪80年代末，农业生产面向市场农业和向机械化、统一化推进，农业推广以政府为主导，实现了单项技术向综合技术和重点地区指导的转化

变迁特征：

（1）农业推广事业是国家和各级政府共同的协作事业。一方面，国家基于保证国民生活不可缺少的粮食的稳定供给，社会稳定和地区经济的持续发展，国土和自然环境的保护等出发点，按照发展高效稳定农业和农村经济以及保护环境的要求，大力推进农业推广事业的发展。另一方面，各地政府按照当地农业和农村发展规划，因地制宜地实施推广计划和措施。整个推广事业的分工是国家（农林水产省）根据各级政府的意见，制定推广工作方针，各级政府在国家方针的指导下制定推广计划，由地区推广改良中心组织实施并直接为农民服务。

（2）推广中心是试验研究单位和农民的媒介。推广单位根据不同地区农民的需要，向试验研究单位提出技术需求，同时对试验单位开发出的新技术进行实地考察，在进行试验、示范的基础上向农民进行推广和普及。同时，也派出人员去国外培训，引进新技术。

（3）农业推广事业直接以“人”为对象来实施。鉴于农业的发展在很多方面依赖于个体农民的意愿和技术能力，因此推广事业直接以“人”为对象来实施。农业推广工作尊重农民的意愿，注重培养农民的自主精神，发挥他们的创新能力。具体来讲，就是改良推广员面对面地直接为农民提供信息、咨询、培训和试验示范等服务。

（4）农业推广服务把生产和生活结合在一起开展。日本的农业推广工作不仅把农业技术的推广普及作为重要任务，而且也把改善农户和农村生活作为重要内容，同时注重培养从事农业生产的务农

青年，也强调提高妇女参与农业生产的能力。因此日本的农业推广事业是将推进整个农业生产和农村生活的改善作为主要目标，比其他国家的农业推广具有更加广泛的含义。

变迁原因：

（1）第二次世界大战以后，考虑到日本国土狭小是制约农业发展的主要因素，农业的发展在很大程度上要依赖于科技的进步，以及农民技术水平与能力的提高，而农民消化和吸收新技术的能力有限，需要依靠推广事业把试验研究单位开发的新技术通过试验、示范和推广向农民进行普及。因此，日本政府开始实行现代农业推广体系，把它作为试验研究成果转化为生产力的桥梁，作为科学研究和行政手段并列的最基本的农业推进措施来实施，并以《农业改良促进法》的法律形式加以规范。

（2）第二次世界大战以后，日本粮食不能自给，首先开展了以单项农业技术为主的农业推广活动，以解决粮食自给问题。然而随着工业化的迅速发展，经济复兴，农业生产面向市场农业和向机械化、统一化推进，农业推广由单项技术向综合技术发展。到了20世纪70年代，日本经济高速增长，农村人口减少，粮食供应不平衡，农业推广更加侧重于综合技术和重点地区的指导。

（3）根据日本的国情，适应日本农业生产发展的变化和需要，在借鉴和学习西方发达国家先进经验的基础上，日本设立了以县政府所属的地区农业改良普及中心为主体的农业推广体系，中央不设农业推广专事机构。全国农业推广行政事务由农林水产省经营局普及课承担。并且还设有全国性的农业推广协会组织，主要承担农业推广信息服务（EI－NET信息网的运营、《技术普及》杂志编辑出版），与普及事业相关的各种调查研究、研修培训活动、国际技术协作、表彰活动等。与农业推广相关的协会组织还有全国农业普及事业协议会、全国改良普及职员协议会、日本农业普及学会等。此外，畜牧、水产、林业也有类似的改良普及组织机构及协会组织。

2. 第二阶段，20 世纪 90 年代初至 21 世纪初，农业国际化，技术多样化，农业和农村生活逐渐向优化方向发展，农业推广实行政府和农协双轨推广制，推广内容主要以先进技术普及、降低成本、发展环保型农业为主，农业推广向信息化方向发展

变迁特征：

（1）国家为主、农协为辅，机构简单、队伍精干

日本的农业推广由中央和县都道府共同出资建立推广体系。这部分推广力量在农业推广中处于主导地位。中央财政每年根据各县农户总数、耕地面积、农业情况安排约 300 亿日元的“交付金”给各县用于农业推广，各县根据自己情况，再配套一般不低于国家的交付金数额的经费用于农业推广。虽然近年国家财政紧张，经费安排有所减少，但也能维持国家重点项目的实施。

与此同时，日本从上到下建立了农协。农协作为农民自己的组织，在生产资料、农产品加工、销售、农村信贷、保健和健康等方面，为农民提供多项服务。农协还配有营农指导员，在提供上述服务时，向农民提供信息和技术指导。农协是农业推广不可忽视的辅助力量。

日本的推广体系具有结构简单、人员精干的特点。中央在农林水产省的农产园艺局设置推广普及课，县都道府的农政部下设普及教育课，此两级为推广管理部门。县级按行政区划设置推广的实施主体机构——农业推广普及中心。

（2）科、教、推相互协作，紧密配合

日本的农业推广与教育和科研部门有着紧密的联系。这种联系主要表现在：第一，许多农业研究中心与推广普及中心建在同一地点；第二，许多农业推广人员和研究人员兼任农业大学的老师。各研究机构取得的科研成果，通过专门技术员和各县试验场的研究人

员验证示范后，传授给地区普及推广中心，同时普及推广中心也将农民的需要反馈给研究部门。县农业行政部门每年还要召开一次实证成果推进会，由科研单位向改良推广中心展示研究成果。各地区普及推广中心所长、专门技术员、试验场长、农户代表对科研成果进行评议，确定哪些成果需要进一步研究，哪些需要推广中心进一步实证完善，哪些可以立即向农民推广。

（3）人员录用，工作考核，研修培训制度化

人员录用。在日本，推广人员（包括专门技术员和改良推广员）均为国家或地方公务员。人员招聘实行严格的考试录用制度。基层改良推广中心的改良推广员的录用要参加两次考试。一是推广员资格考试，要求报考人员为相关专业4年制大学毕业或由农林水产省指定的3所3年制学院毕业（要有2年工作经验）。考试由各都、道、府、县政府人事部门组织，内容涵盖农业、农村政策及相关专业学科知识等，合格者发给推广员资格证书。二是公务员录用考试，获得推广员资格证书的人员可参加县里的公务员考试。专门技术员的聘用条件更高。要求报考者必须具备大学本科以上学历、10年以上改良推广员工作经验，由农林水产省组织录用资格考试，通过后才有被聘用的资格，其考试合格率仅20%。

工作考核。专门技术员与改良推广员的工作实行考核制，每项考核内容都有具体的量化指标。推广员工作考核以推广活动内容的时间计算。一般改良推广员每月从事推广活动的时间为160h，其中，现场指导时间126h、参加会议时间17.8h，研修时间9.7h，其他时间5.8h。专门技术员每月从事农业和生活指导的时间分别为100h（对改良推广员的指导必须占50%）。推广员的工作平时都有记载，并反映在个人做出的推广计划、课题计划中，每月小结一次，每年总结两次，作为半年和年终考核的基础。

研修培训。日本农业推广体系内部的培训制度也非常严密，针

对不同对象制定不同的培训计划。国家在听取县政府意见的基础上，每年制定协同农业普及事业基本纲要，并下发给各都、道、府、县。地方根据国家的基本纲要制定地方的推广人员培训计划。培训计划对培训课题范围、方法、结果和报告等都有详尽的规定，并编入普及职员培训体系。日本的推广培训种类很多：按培训实施主体分为国家、县（都、道、府）、普及推广中心、自我培训 4 种；按培训内容分为养成培训（新任者）、基本课题培训、特定课题培训、地域课题培训、1 人 1 个课题培训 5 种。

变迁原因：

（1）日本农协于 20 世纪 90 年代开始参与农业推广服务，从而形成了政府和农协双重农业推广体制，两个体系各自独立又彼此联系。农协是以盈利为目的的全国性农民自我服务组织，基层农协组织都设有营农指导员，为农民提供无偿的农业技术服务。他们往往与农业普及员密切配合，一般普及员平均指导 300 户/人，营农指导员平均指导 100 户/人。农协除传授技术外，还为农业生产提供资金、农用物资、生产保险以及经营指导等产前、产后服务，成为农业推广在基层的组织保障和物质依托。

（2）随着日本农业的发展，日本政府开始重视农业科研、教育、情报和推广机构的协作，称为“普及事业协力组织体制”。从国家一级到都、道、府、县均分别设立农业试验场、农业者大学校和农业情报中心。在都、道、府、县，这些相应组织均为农业推广服务组织。农业科研机构和农业试验场提供科技新成果，农业者大学校从事农业成人继续教育和技术培训，情报中心通过电子计算机联网，收集和提供各种技术情报信息，促进新技术的推广。总之，在信息技术、生物技术迅猛发展的新形势下，日本在农业推广方面逐渐形成了完整的官民结合的推广体系和制度，并能够保证其有效地运转。

（3）日本人口多，人均耕地少，农户经营规模较小，为了提高推广工作效率，日本的农业推广方式经历了以个别巡回指导到以农民集团为主要指导对象的过程。日本有各式各样的农民集团，大到覆盖全国的农协系统，小到几户农民组成的协会，推广部门只是对协会进行指导和协助，并不直接参与协会的经营、管理，充分体现“农民自主经营”的宗旨，推广部门通过对协会的指导，大大提高了推广工作的效率和质量。集团指导的意义在于：计划性强，推广效率高，能更加迅速地达到与推广对象的双向交流，便于成员间相互学习，共同提高，并且有利于农产品产地化的形成，统一技术和质量标准，有利于提高产品的知名度和竞争力，形成区域优势。进行集团指导是推广对象众多、推广人员的数量和时间有限的现实需要。

（4）几十年来，日本农业虽有较大发展，但农产品自给率很低，农业技术水平和劳动生产率水平远远低于制造业，农业同整个国民经济之间的比例发展不平衡，这种情况在近年尤为突出。并且随着工业的发展，农民的生活质量和生活环境明显不及城市居民，因此，日本政府将农业技术试验研究与普及推广有机地结合在一起，更加注重农业技术与改善农业环境、改善农民生活相结合。

3. 第三阶段：进入新世纪以后，日本正式颁布实施新的《农业改良促进法》，新法在农业推广机构设置、农业推广人员管理、农业推广经费的税制等方面进行改革，农业推广向培养未来新型农民和农业可持续方向发展

变迁特征：

（1）充分发挥地方能动性，自主推进农业推广事业

自 1948 年立法实施农业推广事业 50 多年来，日本的农业推广事业是基于《农业改良促进法》，由国家和各地政府共同协作，在统一的方针指导下实施的，其行政性、规划性比较明显。21 世纪以来，随着地方农业政策的调整，各地农业发展呈多样化趋势。特别

是随着“地方分权化”（地方自治）的推进，各地行政自主权逐渐增大。各地政府制定农业推广政策及具体实施方案时，在符合国家宏观政策的前提下，开始更充分考虑当地实际，更加注重推广项目效益和市场需求，在更大程度上自主确立并实施各项推广计划，以服务于当地农业、农村发展。新法中有关推广机构的设置等规定也充分显示出国家鼓励各地自主推进农业推广事业的政策导向。

（2）因地制宜，设置农业推广机构

为充分发挥地方自主实施农业推广事业的主动性、能动性，使各地农业推广事业运行更加灵活机动，日本取消了各地必须设置农业推广中心的规定，但同时规定各地必须设置“普及指导员”，且要为其提供“活动场所”。这项规定为各地依据当地实际，灵活设置相关机构，探索提高农技推广效率的方式方法，促进农业科研、教育与推广有机结合等提供了法律依据和操作空间。

有关部门已提出了县（都、道、府）行政区域内农业推广机构设置建议意见，主要有以下几种：一是设立统管全县的县级“中央推广中心”，其下再设立“区域推广中心”；二是在县内分几个农业大区，每个大区设立“基干推广中心”，其下设立“区域推广中心”；三是在全县范围内分专业设立“专业推广中心”，例如花卉技术推广中心、环保技术推广中心等，统管全县相关农业推广工作。推广中心的设置与否和设置方式，全国无统一要求，以符合当地实际、有利于推广人员能力充分发挥为基准。随着改革的深入，日本各地农业推广机构设置将更加灵活、更具特色。

（3）推进税制改革，保证推广体系改革顺利进行

充足的经费是落实各项改革措施，维持农业推广体系正常运行的保障。新旧《农业改良促进法》中均明确规定：中央政府应向各都、道、府、县支付协作农业推广事业交付金。即国家将通过有关国税税种征收的财政收入，以“交付金”形式支付给地方，地方以

一定比例配套，共同作为地方推广事业经费，维持农业推广体系运行。多年来，日本农业推广事业经费预算稳定在360亿日元左右，约占日本农业相关预算总额的1.4%。近年来，中央与地方支付比例由以前的7∶3逐渐降为6∶4，部分地区已接近5∶5。随着中央支付比例的逐渐减少，加快税制改革，由地方自主实施农业推广事业的呼声越来越高。此前，日本“地方分权改革推进会议”和“经济财政咨询会议”联合提出了“税源移让”方案，即逐步减少国税税种和金额，转而“移让”至地方税，从而增强地方财政实力，推进地方自治。相应地，地方财政支出在农业推广事业经费中所占比例也将进一步增加。特别是自2006年起，“税源移让”方案将全面实施。“税源移让”是地方在更大程度上自主实施农业推广事业的前提和基础。未来日本农业推广事业将更具地方特色。

（4）精干人员，提高推广人员素质

日本农业推广体系不但通过资格考试严把进入关，而且还通过有效的在职培训制度，不断提高推广人员业务水平，因此其人员整体素质较高。近年来，随着各地机构改革的推进，日本全国农业推广人员总数持续减少。截至2004年底，全日本共有区域农业改良推广中心447个，专门技术员约600人，改良普及员8 765人。为进一步提高农业推广人员素质，适应日益多元化的农民需求和农业发展新形势的需要，日本取消了“专门技术员”和“改良普及员”的称谓，统一为“普及指导员”。有关部门重新制定了普及指导员资格考试方案，考试难度加大，并明确规定不同学历者要有相应年份的实践工作经验才有资格参加考试，同时计划进一步加强对普及指导员的在职培训工作。在普及指导员人员管理方面，除了继续加强对在职人员的日常工作监督管理和业务工作综合评价外，取消了普及指导员津贴上限限制，各地可以根据本地实际自主确定津贴比例，以鼓励农业推广人员深入基层，安心工作。预计今后日本农业推广人员在数量有一定程度减少的同时，整体素质将有较大提高。

变迁原因：

（1）日本颁布的新《农业改良促进法》在农业推广机构设置、农业推广人员管理、农业推广经费的税制等方面进行了一系列改革。它的颁布实施标志着日本农业推广事业进入了一个新的发展时期。新法除对新世纪农业推广的组织机构、人员管理等方面进行改革外，还根据新形势、新问题，制定了今后农业推广服务的发展方向，更加注重农业可持续发展和保护环境，优化农业和农村生活。

（2）由于日本人口总量零增长、结构老龄化导致对粮食需求的减少，生态环境不断恶化引发的人们环保意识的觉醒以及生活水平提高后对无公害食品需求的日益增长，近年来日本政府审时度势，不断加大支持农业发展的力度，在无农药、无化肥或减农药、减化肥农产品的栽培、管理、认证、销售、监督等各个环节都做了大量的细致工作，以使日本农业走上可持续发展的道路。因此，特别注重推广较少甚至没有农药、化肥投入的新技术，提高农产品质量，降低成本，增强农产品的国际竞争力，同时消除环境污染的生产外部性，促进恢复生态系统的良性循环。

（3）随着日本农业的迅速发展，农业生产也带来了一些问题，突出地表现为：农产品自给率下降；农业结构性矛盾突出；农地经营规模难以扩大；农业财政负担沉重等。面对农业出现的新问题，农业推广服务体系也要进行相应的调整和更新，以便充分发挥农业推广的作用。

三、印度农业推广服务体系的变迁

印度在农业领域取得如此令人瞩目的进步，很大程度上要归功于采取以农业科技推动农业发展的政策，积极推动农业科研和推广体系的完善。以科研、教育和推广相结合的农业发展政策以及遍及全印农村先进的互联网系统不仅使印度在粮食产量上达到了自给自足，同时也在几种主要农产品中成为世界领先。农业科研和推广体系为印度农业科技发展做出了不可磨灭的贡献。

（一）印度独立前农业推广服务制度发展沿革

印度的农业技术推广服务活动可以追溯到很久以前，1860 年有西方传教士在印度农村搞慈善事业，同时传播农业技术。他们组织起当地几十至数百甚至上千余农户，帮助改进传统生产技术，发展生产，提高生活水平。不仅推广种植抗旱和抗病的水稻品种，杂交繁育水牛，种植饲用作物，还发展农产品加工业和建立学校等。

1920 年开始，有一些半教会性质的社会组织，如基督教青年会、甘地主义志愿组织，抱着改造乡村的宗旨，深入民间，从事农业技术推广和农民教育的活动。其中较有影响的是基督教青年会，1916—1930 年在印度南部实施了一项乡村改造计划。1921 年实施包括农业技术推广内容的乡村发展计划，并组织志愿者无偿服务，办农民培训班等。

1938 年开始实施的乡村建设计划，在全国先后有 15 处活动，规模不大，但一直延续至今。其活动之一是推广农业和集约畜牧业，大量利用当地有机肥，发展基础教育等。

由政府组织和领导的农业技术推广工作始自 20 世纪 40 年代，其特点是从未自成体系，一直作为各项乡村发展计划的组成部分之一，并为综合性推广服务工作的一项内容，资金来自所属计划，工作也按计划要求进行。1943 年实施了一项社区发展计划，也被称为菲尔卡计划，是一个 20～25 个县的发展项目，其中农业方面的内容是发展农业和畜牧业集约生产和新技术推广工作，进行了农具改良，兴修水利，改进灌溉技术，发展棉花加工业，还设立 200 个培训和示范点，有 4 000 人接受了 3～10 个月的培训。

（二）印度独立后农业推广服务制度的变迁及其原因

印度独立后，政府对农业和农业技术推广非常重视，其全国性的农业推广服务系统从 1952 年开始建立，宗旨是促使乡村发展，方针是为全面建设社区服务，做法是建立乡村工作体系。

在 20 世纪 70 年代中期以前，印度的农业科技推广工作是乡村工作者兼职完成的，70 年代中期以后，才形成独立的由各级专职人员进行的推广系统。进入 80 年代以后，这个系统得到了进一步的重视，各邦相继成立了农业科技推广站和种子公司，其宗旨是“要把新技术的好处推广到农户、农作物和各地区”。科技推广站及时地提出引进、推广农业新技术的建议，组织农民进行田间试验，然后逐步推广。印度很重视科研、教育和推广三者的结合，并使其紧密配合，互相促进，逐步建立起了富有特色的政府、科研部门和农业大学相结合、公共部门与私人部门相补充的农业技术推广体系。印度现在有 140 多个科技转让中心。支持系统包括农业信贷系统，价格支持系统和农业产前、产中和产后服务的合作社系统。

1. 第一阶段：独立后至 20 世纪 60 年代末，推行乡村工作者体系，但农业科研、教育和推广工作基础十分薄弱

20 世纪 50 年代初期，印度政府仿照美国方式，着手建立乡村工作者（VLW）体系。乡村工作者体系是一个多内容、综合性的推广服务系统，既从事生产性的农业、畜牧、农产品加工、教育性的成人培训等，还从事医疗卫生、妇女保健、公益事业等社会性的服务工作。其组织形式是在县内设立发展委员会，由规划与发展顾问和农业推广顾问等组成。在县级设总干事，由农学、植保、土壤、畜牧、合作、管理方面首席专家负责推广工作，基层是综合性兼有多职的乡村工作者，从事农业技术、教育、社会事务、公共卫生等推广服务工作。初期的乡村工作者体系，是配合各项社区发展计划以农村综合发展为目标，还不是专门从事农业技术推广的。因此他们从事农业技术推广的时间很少，工作效率不是很高。

1947 年印度独立之时，农业科研、教育和推广工作基础十分薄弱，全国仅有 17 所农学院（没有农业大学）和 9 个农业研究所（实验室）。农技推广不仅极为薄弱，而且处于无组织状态。1947—1965 年间，印度共建立了 6 所农业大学和 10 个研究所，而正是这些为数不多的农业教育和科技机构，在绿色革命一开始便显示了巨大的作用。以 1963 年建立的旁遮普农业大学为例，它既是各种农业新技术（如新品种、新农机、新农药、新栽培技术等）开发的先驱，又是这些新技术的直接推广者，每年举办农民培训一般说来 250 次以上，培训农民超过 8 000 人，从而以“亚洲最大的农民培训中心”而闻名。

在这段时期，政府还实施了一系列发展计划：农业计划、农村就业计划、地区计划和目标性计划等，这些计划的重要任务之一就是推广服务，从各个方面采取措施来维持其持久性，虽然有些计划有终止日，但随后实施的新计划仍会将农业技术推广作为重要内容。组织不变，人员不散，只是推广工作的侧重方面略有变化而已。

变迁原因：

（1）印度 1947 年独立以后，一直面临粮食短缺难题。尤其是 20 世纪 60 年代初期，旱涝等各种自然灾害频发，粮食作物连年欠收，广大农村面临贫穷与饥饿的威胁；同时，印度从“二五”计划（1956—1961 年）开始贯彻大力发展工业的政策，使商品粮的需求进一步增加，粮食缺口愈来愈大。从 1961 年开始，印度的粮食进口量迅速增加，当年进口 349 万 t，1964 年增加到 626 万 t，1966 年达到了 1 034 万 t。这一局面迫使印度政府不得不下决心解决粮食问题。当时是采取以建设社区为基础的乡村发展政策来改变农村落后面貌，认为推广工作的首要任务应为农村社会发展服务，提高农民文化素质，改善生活环境条件，掌握实用技术发展生产。

（2）农业系统中的六大环节，即管理、研究、推广、物资和资金、生产、市场之间都直接或间接地互相制约、互相促进。若把它们之间的关系理顺了，农业就发展；若相互配合不好，或某个环节过分薄弱，就会影响农业发展。推广服务如果只将农业技术知识从研究人员处传播到农民手中还远远不够，农民还必须具备采用新技术的物质条件，如改良种子、化肥农药、机具和灌溉等，有了这些物质要素的供给和投入及其使用的知识，才能保证新技术的实施。为免除物质和资金流通过程中商人和高利贷者的剥削，有必要逐步建立一系列社会经济合作组织，包括肥料供应站、农业信用社、农产品销售社，以及中央合作银行、土地开发银行等，以保护农民的利益。因此，乡村工作者也有在合作化、财政金融等方面推广服务的任务。

（3）始于20世纪60年代的“绿色革命”是一场以推广应用农业新技术为主要标志的综合性农业技术革命。这场技术革命的显著特点，是以提高粮食产量、实现粮食自给为主要目标；以引进推广优良品种、合理实施农田灌溉、正确使用化学肥料、鼓励采用农业机械、及时防治病虫杂草为主要技术支撑；以增加农业信贷、完善乡村公路网络、建立农村市场体系、实现农村电气化为主要经济投入；以国家的优惠政策（如价格政策，土地政策等）和政府的组织、管理与协调为基本保障体系。通过相关行业的同步配合和对各个环节的精心协调，从而完成了印度农业史上这样一项令世人瞩目的庞大系统工程。

2. 第二阶段：20世纪70年代至90年代初发展农业的培训与访问体系，扶持合作社发展

20世纪70年代初，世界银行顾问丹尼尔·贝诺尔在印度的一

些邦搞试点，以改革推广服务系统，将先前实行的综合性多内容系统改成只为发展农业的培训与访问系统，以专职农业技术的乡村推广员代替原来兼搞农业技术推广的乡村工作者，从而使农业技术推广成为一个独立的专门系统。进入80年代后，这个体系得到了进一步的重视，各邦相继成立了农业技术服务中心和种子公司，其宗旨是“要把新技术的好处传播到农户和各地区”。科学技术服务中心及时地提出引进传播农业新技术的建议，组织农民进行田间试验，然后逐步向农民进行传播。

印度培训与访问体系的基本模式为：农业部—大区级—地区级—县级—乡镇级—村级—农户级。整个系统形成由中央到行政区级有关专家、分区级有关专家及农业官员、开发区官员，以至村级农业工作者构成的农业推广体系。政府通过建立推广网络进行技术指导，以非营利性推广为主。但现在这种情况发生了很大变化。政府也鼓励私有部门进入这一领域。

大区负责农业推广的官员，要经常到田间检查推广工作和了解培训计划的执行情况。他在学科专家，包括农学家、植保专家和培训专家的配合下进行工作。地区农业推广官员，大部分时间用来检查指导农业推广人员的工作，另外，每周用一天的时间参加培训活动，接受科学家的指导，学习新知识。每位县级官员指导、培训和管理6～8名村级干事。村级农业推广人员，负责800个左右农户的传播工作，在田间进行讲解和示范。

变迁原因：

（1）过去的乡村工作者任务繁琐，内容多，用于农业技术推广服务的时间不超过1/4；缺乏经常性的培训，与农民接触少，与科研人员联系不多，难以提高素质，工作效率不高。而乡村推广员则任务明确，80%的时间可用于农业技术推广服务，推广的内容主要是适用技术，被推广的技术要压缩成若干重点，便于农民理解和接受。同时管理加强，每人订有严格的日程表，有时间安排和推广准则。乡村推广员还定期进行培训，保证每周或半月有一天时间用于学习和提高。此外，与农民接触增多，与科研人员联系加强，从而大大提高人员素质和工作效率。

（2）为了实现牛奶生产的自给自足，改善广大民众的营养状况，印度政府开始关注乳业发展问题，推广农民自发组织的乳业合作社模式，从而拉开了乳业大发展的序幕。20 世纪 70 年代初，印度政府制定了著名的“洪流行动”乳业综合发展计划，在全国范围内将其逐渐推向高潮。“洪流行动”开始后，印度政府出台一系列政策引导奶牛养殖业健康发展，其中最重要的一项就是体制创新，通过进一步推广乳业合作社模式将奶农有效地组织起来，创造性地将具有典型印度特点的小农个体经济与商业大市场联结起来，既解决了农民奶牛养殖的市场风险问题，又拉动了城镇消费需求，从而刺激了农民的生产积极性。乳业综合发展计划带来的社会经济效益惠及千家万户。

（3）有了合作社模式，还需要资金支持。为此，印度政府借助外援建立了乳业发展基金，从资金上扶持合作社发展。乳业发展基金共计约 10 亿美元，其中 30% 来自世界粮食计划署和欧共体的实物援助。除了资金支持外，技术支持是乳业合作社发展的重要保证。印度政府设立了国家乳业研究院、兽医研究院等科研机构，经常组织技术人员下乡，普及养牛技术，规范挤奶操作程序，提高产奶量和产奶质量。印度土产奶牛产奶量不高，为了改良品种，印度政府把重点放在引进、培育、推广国外良种牛上，如瑞士褐牛、丹麦红牛等。

3. 第三阶段：20 世纪 90 年代以后。注重科研、教育和推广三者的结合，并相互促进，以信息技术促进国家农业科研系统的发展

建立农业研究信息系统的主要目的是：使农业管理人员和农业

研究人员快速而方便地获取信息；利用国家农业研究系统的基础设施搜集、加工、存储、检索和利用信息；在国家农业研究系统内部全面实现信息资源共享；提高研究项目规划、执行、监督和评价的能力。

中央一级的农业研究委员会有支持并指导各邦农业大学的任务，农业研究委员会建有一套从科研到推广的完整系统，并采取各种措施推广科研成果，包括“国家示范计划”、“实用研究项目”、“从实验室到田间计划”等。“国家示范计划”在全印度选择47个地区作为新技术推广示范点，主要推广各种形式的复种技术；“实用研究项目”是将研究成果进行实地试验，发现问题，并加以改进，使适合于当地的具体条件，以便大面积推广；“从实验室到田间计划”通过乡村农技推广人员将农、牧、渔业技术从实验室转移到广大农村。

在印度，几乎每一所农业大学里都设置了推广部，学校还与成千上万的农户建立了固定的联系，并在这些农户的土地上进行试验。许多农民把学校看作是“庄稼医院”或“兽医站”，生产过程中只要遇到难题马上就会想到找学校。印度还很重视农业教育和推广教育，着重对农民进行农业基本知识训练，传授农业生产技术和推广研究成果。推广教育的形式多种多样，包括分布全国各地农村的“全国示范点”、“农民新技术培训中心”、“农村推广员培训中心”等，并由科技人员负责业务指导，向农民进行采用良种和轮作制等示范教育。此外还成立“推广教育研究所”以及“培训人员训练中心”与“农业科学中心”。

变迁原因：

（1）在印度，农业一直面临着基础设施建设不足的问题，加速农村具有支撑性功能的基础设施建设、强化农村各地区经济的联系已成为当务之急。在这方面，印度已决定加大农村基础设施建设力度，首先在100个最落后的县实施基础设施发展特别计划，通过修筑农村公路和建设农村通讯网、电力网，并在条件适合的地区发展计算机互联网设施，在增加粮食产量的同时促进农村各产业的发展，从而拓宽农业增收、就业渠道。作为农业政策有关基础设施建设实施的重点内容，印度政府尤其重视改善和提高农村电力供应的质量及效率，加大对农村电力方面的投入与农村新能源的开发。

（2）针对世界贸易组织的农业协定可能对印度农业造成的巨大冲击，印度政府采取了一系列的应对措施，例如，加强农村公路、电网、农业水利等基础设施建设，增强农业抵御自然灾害的能力，促进农村和城市的交流；加强农业科研，完善以邦农业大学为中心的农业技术推广体系，从生物技术、灌溉方法、旱作农业技术等方面提高农业的整体技术水平。其中，最为突出的措施是通过政府资助加强农业科学技术研究和推广，提高农产品的品质和产量，并通过对农产品加工业的扶持，提高本国农产品的竞争力。

（3）印度的信息技术尤其是软件研究和开发技术已经走在世界前列。印度1993年因特网用户只有1.7万，至1999年底已达900万。个人拥有计算机数量每年增加30%左右，是1998年世界平均增长速度的两倍。印度政府采取了切实可行的有力措施，加大对计算机行业的投资力度，迅速普及计算机的应用，特别是利用人力资源十分丰富的优势，大力拓展国内外市场，现已成为发展中国家计算机技术的领头羊。以前人们曾担心农村受教育率较低，计算机信息技术和通讯技术不能很好地得到应用，但现在这种顾虑已一扫而空，过去几年中在农村引入的计算机信息技术的尝试都取得了巨大的成功，即使偏远地区也不例外。

印度政府还提出另外一项提议以帮助各邦拓展信息技术的应用，更好地为农业发展服务。这项提议是将ICAR提供的科学信息、邦农业大学、国家管理官员和ICAR巨大的农业研究信息系统

（ARIS）数据库以网络相连，最终，因特网将连接农业的市场、研究以及与农业相关的众多团体，形成一个地区性、全国性、乃至全球性的网络，使印度的农业真正走在前沿。

四、各国农业推广服务制度变迁的经验与启示

随着农业现代化的发展，世界各国越来越认识到科学技术和教育在农业发展上的重要作用，几乎每个国家都要采用一定模式的农业推广服务体系来保证和促进农业推广工作的顺利开展，以满足其自身的政治、经济和社会发展的需要。通过对有关国家的农业推广服务模式的横向比较，分析各自的特征和异同性，以对我国农业推广服务体制改革提供一定的借鉴作用。

（一）农业推广服务的主要模式

根据不同主体的农业推广服务组织在一个国家的农业推广服务体系中所处的地位和发挥的作用不同，可以把农业推广服务体制区分为如下不同的类型，即行政主导模式、教育主导模式、项目主导模式、企业主导模式和自助主导模式五种。

1. 行政主导模式

行政主导模式是指行政型农业推广服务组织在国家的农业推广服务体系中处于主导地位。行政型农业推广服务组织的主体是政府，政府设置的农业推广机构发挥主导作用，其组织目标涉及国家政治、经济和社会利益。在许多国家、特别是发展中国家，推广服务机构是国家行政机构的组成部分，因而农业推广组织是政府机构，其组织结构体系一般与政府的工作体系相仿，常依行政区域划分而产生上下级行政组织。亚洲国家如中国、印度是典型的行政型推广组织。

行政型农业推广组织的特色：具有明显的阶层结构，其规模一般较大，职位的分层或分级较清楚。但是由于推广组织包含多级机构，所以其管理形式通常随地区环境或计划内容的变动而调整。其决策形式是以掌握行政资源的上级机构为核心决策单位，权力集中于上级机构。此类组织的分化主要依工作部门与单位而区分，也依工作责任或领导权威的分级而区分。在组织内部，不同的工作部门和工作人员的地位和相互之间的关系清晰，并且相对固定。政府负担推广工作的经费并负责推广机构的人事安排，因而农业推广服务的决策方式是集权式的，组织内部信息的传递是自上而下进行的方式，中、下层农业推广服务机构和农业技术成果的应用者——农民很少能参与农业推广服务决策。农业推广人员兼具行政和教育工作双重角色，角色冲突明显。

2. 教育主导模式

教育主导模式是指教育型农业推广组织在国家的农业推广服务体系中发挥着主导作用。而教育型农业推广组织是以农业大学设置的农业推广机构为主体，其服务的对象主要是农村居民，也可扩展到城镇居民，工作目标是教育性的。

教育型农业推广组织通常是隶属于农业教育机构。这样农业教育、科研和推广等功能就很自然地结合在同一个主体身上，农业推广人员既是农业教育人员，又可能是农业科研人员。美国所建立的农业技术推广体制是典型教育主导模式，虽然是由联邦政府农业部推广局、州立大学农学院、县推广站三方面组成的合作推广体系，而州立大学农学院在其中却发挥着主导作用，如美国各县推广机构隶属大学推广机构管理。美国主要是通过国家立法来确保这一体制下的不同主体协调发展。如美国通过“赠地学院法”、“农业试验法”、“合作推广法”等确立了由州立大学农学院统一管理本州的农业教育、科研、推广工作的主导地位，把推广工作同科研、教育置

于同等重要的地位，实行统一领导，使“三农”有机地结合起来。

教育型推广组织的规模，取决于大学本身的规模和各州的行政范围。相对而言，教育型农业推广组织规模一般比行政型推广组织小，属于中等规模，农业推广经费规模部分地受到农业教育经费预算的影响。在美国，各级政府都必须承担农业推广教育工作责任，因而农业推广经费，也就由各级政府共同分摊。一般联邦提供的经费大约占40%，州约占40%，县约占20%。但在各州之间，三方面提供的资金比重有所不同（斯旺森，1990）。

教育主导模式的特色：从管理决策方面，教育型农业推广组织吸纳农村群众代表和基层人员充分参与规划和管理工作，决策通过上下共同协商方式进行，是分权式的决策方式，组织内部的信息传递方式采取的是双向沟通模式。在组织分化方面，此类组织是根据计划与项目活动的类别来分化工作单位。

3. 项目主导模式

项目主导模式是指项目型农业推广组织在一个国家的农业推广服务体系中发挥着主导作用。而项目型农业推广组织是人们在农业推广组织结构方面的创新，其目的是要克服常规推广组织形式的不足，以提高推广机构效率。项目型农业推广组织的工作对象是推广项目地区的目标团体，也可涉及其他相关群体。其工作目标随着项目性质而定，主要是社会、经济及生态方面的成果，其技术特征以操作技术为主，并常常配以物化技术。组织规模相对较小。

在确定农业推广目标时，项目组织与目标团体之间通常会进行较广泛的接触，制定的目标与国家计划保持协调。基层农技推广人员和目标团体参与决策比较普遍。管理上强调参与和效率，决策形式为分散式决策，表现为上下共同决策，权利集中程度低。内部信息传递是双向的。在组织分化方面，此类组织是以项目活动的分类来分化工作单位。因此，每一个工作单位的地位不确定，工作人员之间则根据技术专长加以区别，其地位层次不确定。项目组织对推广人员的素质要求较高，所需资金主要来自于外部的捐赠，推广人员收入高，工作条件有保障，但提升的机会少。就组织表现而言，项目型农业推广组织的公共职责范围是改善项目区目标团体的经济与社会条件，其成果的度量也偏重于社会经济效益。在项目的执行过程中及实施结束之后都要进行严格的监测与评估。

在20世纪40年代至50年代，墨西哥农业部和美国的“洛克菲勒基金会”共同制定和实施的小麦品种改良计划，通过研究和推广小麦优良品种，促进了墨西哥小麦种植的“绿色革命”（王文玺，1994）。在这个过程中建立起来的农业推广组织呈现出项目型推广组织的基本特征。我国农业部现行实施“四大作物综合生产能力科技提升试点行动”，从研究部门、政府部门、高校、推广部门抽调的专门人员组建的推广组织亦属项目型农业推广组织，相应的运行管理制度为项目性农业推广体制。

4. 企业主导模式

企业主导模式是指企业型推广组织在一个国家的农业推广工作中发挥主要作用。而企业型农业推广组织是以企业机构设置的农业推广机构，大都以公司的形态出现，其工作的目标是以能够有效地生产和出售较高价值的商品，增加企业机构的经济利益。

企业主导模式特色。服务对象：由于特定商品（如茶叶、烟草、糖、咖啡等）原材料生产，常常受特定的生态因子限制，只能在特定生态区域内生产，因此服务对象是特定生态区及其邻近区域内的大多数农民。决策方式：一般来说，此类推广组织的推广内容是由企业组织决定的，常限于单项经济商品的生产技术，但是企业推广人员要与科研部门和农民保持密切联系。技术特征：农业推广的技术特征是操作技术为主、配套物化技术和相应的资金。这样能够使农民较快地改进其生产经营条件，显著地提高生产率。企业型农业推广组织常是企业的一个部门，或者是半自主性的机构（企业的子公司），它必须根据企业对原材料商品的质量要求，控制商品的市场，它同时为农民提供研究、推广、输入、供应、信贷和市场服务等。农业推广工作具有传播、教育和服务等各项活动，因而是综合性的服务工作，农业推广人员所扮演的角色随企业机构发展的政策而调控，农业推广人员的任用与推广经费的预算也较具弹性，常随企业的经营状况变化而调整。推广规模一般随着企业生产和经营的规模扩大而扩大，规模大小相对不定。在组织表现上：此类推广组织的服务对象是其产品原材料的生产者，而其成效的度量是以增进企业经营绩效的指标来估计的。由于农业推广计划采用自上而下的方式制定，即为实现企业组织的经营目标，推广计划的内容及其实施的方法，都是由企业组织来确定的，而极少考虑服务对象的实际需要。所以，虽然服务对象能产生显著的技术改变效果，但这种效果是以有利于企业组织目标的实现为前提的。这样，企业的推广工作有时为了实现企业组织的目标可能会损害农民的实际利益，这一点需要引起注意。成功的企业推广组织，应该通过利益分享形式增加农民收入，通过不断地进行技术发展和增加投资，来鼓励农民参加，以此来保证这些生产体系不断发展。

荷兰威仕特兰（Westland）花卉拍卖行成立的农业服务机构并聘请专门技术人员，其推广功能就是向农民宣传不同类型顾客偏好与选择花卉的特点，指导他们种植适销对路的花卉品种，以促进拍卖行花卉销售的进一步上升（斯旺森，1990）。我国台湾省的糖业推广组织也是企业型推广组织的例子。该推广组织由直属公司的农务室负责，聘请技术人员，开展推广工作。蔗农根据合同接受推广组织提供优良甘蔗新品种和技术服务，蔗农也可根据合同获得产品销售和价格的保障（王文玺，1994）。近年来我国各地兴起的“龙头企业带农户”的农业产业化组织形式中农业技术推广组织也属于企业型的模式。

5. 自助主导模式

自助主导模式是指自助型的农业推广组织在国家农业推广体系中处于主要地位。而自助型农业推广组织是一类以会员合作行动而形成的组织机构，这类组织以农民所形成的农业合作团体最具代表性和制度规模。农业推广工作往往需要与其他业务部门配合以实现服务合作组织成员的综合目标，因此，农业合作组织需要依靠其业务发展和其成员的生产和生活需要来决定推广内容，推广内容一般偏重社会经济方面。其推广对象是参与合作团体的成员及其家庭人口，如果把组织成员分为不同的类型，例如分为正式会员和赞助会员，则其推广计划要以依据不同类型的组织成员而设计。这类推广组织的工作目标是提高合作团体成员的生活福利，行动计划是以组织辅导和资源传递的形式表现出来，因此，其技术特征是以操作性技术为主，而在资源传递的服务工作时，其技术特征是以物化技术为主。自助型农业推广组织通常是农业合作团体的部分单位，因此，其组织规模随着农业合作团体的规模而定。从目前各国的农民合作团体看来，大多数规模较小。为了满足组织成员的要求，此类组织大都采用由下而上的方式来制定农业推广计划。

在组织表现上，此类组织对其他团体成员负责，因此，其组织成效主要以合作效益来估计。需要指出的是，这类组织的农业推广工作资源是自我支持和自我管理。自助型农业推广组织在当今许多国家都存在，然而确实能制度化且能有效地开展农业推广活动的例子在发展中的国家并不常见。在这方面，具有规模且比较成功的例子有丹麦农民组织的农业咨询服务体系及日本农协的营农指导体系。

（二）农业推广服务供给制度的经验与启示

从上述几个国家的农业推广服务供给制度的变迁历程不难看

出，由于各个国家的政治、经济、社会、文化、历史发育进程的不同，为农业推广服务赋予的含义、内容、方式、方法皆有差异。但不管是发达国家还是欠发达国家有一个共同的特点，这就是各国政府都把农业推广服务当作一项公益事业，同时，众多的民间成分参与农业推广活动。通过对上述国家农业推广服务供给制度的透视，其做法、经验对我国有一定的借鉴作用。

1. 完备相关制度建设，强化法律保障

首先，具有较完善的法律保障体系。世界上许多国家都具有农业技术推广方面的立法，确立了推广机构的法律地位。有力地推动了农业技术推广事业的发展。美国是农业技术推广工作开始较早的国家之一。其农业合作推广体系就是运用法律、法规形式固定下来，逐步使美国的农业技术推广与农业科研、农业教育三者紧密结合形成一体化农业技术推广制度。其次，具有农业技术推广经费保障。几乎所有国家都从政策法律上明确规定，公益性农业技术推广体系实行财政拨款。包括推广机构的人员工资和必要的办公经费，由推广机构统筹使用。政府的财政支持是各国农业技术推广经费的主要来源。而其他商业性农业技术推广组织也具有较成熟的融资渠道，使农业技术推广具有稳定的经费保障。美国农业投入之所以能够稳定而可靠，主要一个原因就是美国农业投入是以法制化作为保证的。投资数量、投资方向都由各时期的农业法规定，政府农业部只能在法律规定的范围内执行政策，使美国农业投入稳定又持续，这也是美国农业能够长久保持世界第一的原因之一。

2. 构建多元化的农村公共物品供给体系

国际经验表明，多元化的供给主体与方式，有助于提高公共服务的总量与效率。政府、市场和第三部门（又称民间组织）在提供公共物品上应该形成一种互补的关系，对于纯公共物品，包括农村大型基础设施建设、基层政府服务、农业科技研究等，应该由政府担任供给主体，其中资本密集型产品多为全国性的共用产品，属于国家决策范围，供给主体应当是中央政府；技术密集型产品供给主体应该是地方政府。对于私人提供更有效的，政府可以以付费、补贴或购买的方式让民间组织、私营组织来参与提供；对于近乎私人产品的公共物品，如农村电信、有线电视、自来水、成人教育等，政府更多可按照“谁付费、谁受益，谁投资、谁收益”的原则引入市场化的供给方式，提高供给效率。也可以在农村推出社会效益与经济效益兼备的项目，引入社会和企业资本。在公共服务领域引入市场机制，并不意味着政府责任的弱化，而是对政府公共服务投入方式的合理定位。在公共服务供给多元化的格局下，政府仍然是最后责任人，只有把政府作用和市场机制有机地结合起来，才能通过农村居民的消费选择，实现其农村公共物品消费的效用最大化。

3. 积极推动农业合作组织的发展

大力支持农村合作组织，注重发挥社会组织和协会的作用。从各国农业合作的经验看，政府对农村合作组织的扶持是不可或缺的。主要表现在三个方面：制定和完善相关法律法规，如许多国家都出台了合作社法，为合作社的活动提供了法律依据和法律保护；提供优惠的税收、信贷等政策条件，如日本政府的做法；政府参与合作社的教育和培训，在农村公共物品供给的问题上，发挥农村合作组织以及其他社会组织和协会在满足特定群体的利益要求上的优势，可以有效地缓解社会不同群体对政府提供公共物品的需求压力。同时通过第三方力量的介入，改变政府提供农村公共物品的方式和途径，更有助于提高农村公共物品的供给效率，增加农村公共物品的有效供给。当前，我国在强调政府为农民提供最基本的公共物品的同时，还应借鉴国外的经验，把发展农业协会、行会、合作社等农民专业合作组织作为入世后国家支持和保护农业的重点，作为维护和实现农民合法经济权益，促进农民增收，提高农业竞争力的一项重大举措。政府应采取包括组织上、财政上、法律上的各种措施，发展农业专业经济组织，建立农民工组织，发展基层农民协会等，以完善农业社会服务体系，推动农业产业化的健康发展。通过农民组织这个渠道鼓励农民自治，形成农民互助、互救机制，保护农民的合法权利，保障农村公共物品的供给，从而缓解农村经济社会发展滞后的矛盾。

4. 重视农业科技以及科技成果的转化

科学技术在农业发展中起着举足轻重的作用，大部分市场经济发达国家都建立了稳定和完善的农业教育、科研及其推广体系，以促进农业科技不断向深度和广度推进，并保证最新的科技发展成果能够应用于农业。从未来农业和农村发展趋势看，必须以农村科学技术进步作为发展的基础。我国目前农业科技成果转化率仍然偏低。因而，我国应加大对农业科研和技术推广的投入，改变支持方式，将增量投入主要投向项目研究和技术推广，降低农民获取农用技术的成本。其主要内容包括：一是政府财政必须承担起农业科研投资主体的责任，尤其对社会效益高、投资大、风险高、周期长的农业科研项目，如农业生物技术、管理工程等，国家财政应予以重点支持和扶植。通过科技进步提升农业企业竞争力，提高科学技术对农业生产的贡献率。二是要加强对重点农产品生产基地和区域的科技投入，如沿海外向型农业生产基地的建设，粮食主产区的科技投入和中西部生态环境保护区的科技投入，优势农产品的科技投入等。三是国家财政在保证农业科研最低供给的同时，也应吸引其他投入主体参与农业科研投入，依据财力给予其他投入主体一定的补助。四是要完善农业科技推广网络，使科研、生产一体化，使科研适应生产需要，并能迅速转化为生产力。对具有全局性、战略性的推广项目，政府应发挥主导作用，加大其投入力度；同时，要求地方政府、企业或农户予以配套投入，并积极吸引其他投资主体如国内外金融机构、各企业等参与农业科技推广，切实推进现代农业建设。

5. 保障农村基础教育，加强职业技术教育

基础教育是最重要的人力投资，它有利于提高农业活动的生产率、改善农民的福利，也是农民能获取较高收入的基本保障。当今世界上绝大多数国家的中央财政都在基础教育上扮演了重要角色，而且许多国家实现了义务教育基本免费。从国际经验来看，无论是发达国家还是发展中国家，基本上都是由中央和地方政府共同负担初等教育的大部分费用，特别是中央和省级政府往往承担了更大的责任。理论和各国实践均表明，由政府主要提供初级教育和由个人主要承担高等教育是教育类产品较为有效的供给模式。因此，我国财政在继续增加对教育投入总量的同时，对现行农村义务教育管理体制和投入体制应进行力度较大的调整和改革，改变目前政府教育投入的结构，加大对基础教育的投入比例，尤其是中央和省级财政应加大对农村义务教育的支持力度，真正把九年制义务教育落到实处。对农村义务教育的财政支持，特别是对贫困地区义务教育“全免费”的财政支持，是有效增加我国农村教育类公共产品供给的重要途径，可以直接减轻农民负担，增加农民收入，进而减少农村贫困人口。此外，许多发展中国家对农村职业技术教育的重视也是值得我国借鉴的。过去，发展中国家农业生产落后，农村劳动力的数量和质量均不能满足新的需要。为了改变这种状况，许多发展中国家开始重视农村职业技术教育，大量培养各类农村职业技术人才，新建、扩建或改建农村职业技术学校，为职校提供现代化的教学设备、教学仪器和实习基地，推广新的技术手段和运用新的教学方法。在教学管理上，一些国家还实行了“定向招生，定向培养”的方法，为农村经济发展培养各类熟练工人和中、初级技术人才。鉴于此，我国政府一方面应加大对九年制义务教育的投入，保障贫困

地区的最基本的教育资源，包括教育的硬件设施的建立、教育人才的引进和培养，以及教师收入的提高和工资的及时发放等；另一方面应统筹兼顾农村职业教育和技能培训，提升农民的就业能力和创业能力，使农民不会因贫困而在后续的竞争中处于劣势。

主要参考文献

[1] Knowles M. The Adult Education Movement in USA [M]. New York: Robert E. Krieger Publishing Co, INC, 1977. 256.

[2] James S, Long. Cooperative Extension Service. In Alexander N. Charters and Ronald J. Hilton, Landmarks in International Education: a Comparative Analysis [M]. London and New York, 1989.

[3] Van den Ben A W & Hawkins H S. Agricultural Extension Second Edition Blackwell Science, 1996.

[4] Axinn G and Thorat (1972). Modernizing World Agriculture: A Comparative Study of Agricultural Extension Education Systems. Praeger, New York, 1972.

[5] Gupta A K (1987). Survival Under Stress: Socio-Ecological persperctive on Farmer's Innovation and Risk Adjustments. Working Paper. No 738. Indian Institure of Management, Anmedabad, India.

[6] Harter D (1992). Commercialization in Britain. Interpaks Interchange, 9 (1), 5～6.

[7] Jones G E (1981). The Origins of Agricultural Advisory Services in the Nineteenth Century. Social Biology and Human Affairs, 46 (2), pp. 89～106.

[8] Lele U (1975). The Design of Rural Development: Lessons from Africa. John Hopkins University Press, Baltimore.

[9] Orivel F (1981). The Impact of Agricultural Extension Services: A Review of Literature. Discussion Paper 81～20. The World Bank, Washington DC, 1981.

[10] Oxenham V and Chambers R (1978). Organising Education and Training for Rural Dvelopment. Problems and Challenges. The World Bank, Washington DC, 1978.

[11] Pickering D C (1987). An Overview of Agricultural Extension and its Linkages with Agricultural Research: The World Bank Experiences. In: Rivera W M and Schram S G (editors), Agricultural Extension Worldwide. Croom Helm, London.

[12] Ray H E (1985). Incorporating Communication Strategies into Agricultural Development Programs. Washington DC.

[13] Rivera W M (1988). Developing Agricultural Extension Systems Nationwide. A Structural Approach. Journal of Extension Systems.

[14] Rivera W M (1989). An Overview of Agricultural Extension Systems: the Territory, Recent Developments and Recommended Directions. Typescript from the author.

[15] Rivera W M (1990). Trends and Issues in International Agricultural Extension: The End of the Beginning. Journal of Extension Systems. 1990, Vol 6: 2, pp. 87～96.

[16] Rivera W M (1991). Agricultural Extension Worldwide: A Critical Turning Point. In: Rivera W M and Gustafson D J (editors), Agricultural Extension: Worldwide Institutional Evolution and Forces for Change. Elsevier, London.

[17] Rivera W M and Gustafson D J (1991b). New roles and Respon-

sibilities for Public Sector Agricultural Extension. In: Rivera W M and Gustafson D J (editors), Agricultural Extension: Worldwide Institutional Evolution and Forces for Change Elsevier, London.

[18] Weidemann C J (1987). Designing Agricultural Extension for Women Farmers in Developing Countries. In: Rivera W M and Schram S G (editors), Agricultural Extension Worldwide. Croom Helm, London.

[19] R. 科斯，A. 阿尔钦，D. 诺思等. 财产权利与制度变迁—产权学派与制度学派译文集. 上海：上海人民出版社、三联书店，1994（第一版）.

[20] 埃瑞克·G 等编. 新制度经济学. 上海：上海财经大学出版社，1998

[21] 丹尼尔. W. 布罗姆利著. 经济利益与经济制度—公共政策的理论基础. 上海：上海三联书店、上海人民出版社，1996

[22] 林凌，刘世庆. 高等教育要更好地为农村发展服务［J］. 理论前沿，2002，(16).

[23] 王英杰. 美国高等教育的发展与改革［M］. 北京：人民教育出版社，1993.

[24] 魏峰. 试论农业院校在近代美国农业发展中的作用［J］. 史学集刊，1999，(3).

[25] 常永才. 农业推广教育制度的革新：美国案例分析［J］. 湖北民族学院学报（哲学社会科学版），2004，1：59～62.

[26] 孟雅君. 美国赠地院校农业合作推广服务概况［J］. 内蒙古民族大学学报（自然科学版），2004，8：395～397.

[27] 兰建英. 美国近代西部开发与农业的高速发展［J］. 农村经济，2003，(10)：71～73.

[28] 陈福祥. 美国“农业推广运动”简述［J］. 中国职业技术教

育，2008，(1)：12～14.

[29] 全国农业技术推广站．美国农业技术推广考察报告［J］．北京农业，2007，(12)：49～51.

[30] 王莹．联邦财政投入与美国农业教育、科研、推广体系［J］．中国农业教育，2003，(5)：1～3.

[31] 刘志扬．美国农业科学技术推广的方式与启示［J］．农业经济，2003，(8)：46～47.

[32] 刘廷哲．美国农业合作推广运动及其对我国农村成人教育的启示［J］．职业技术教育，2008，(16)：91～93.

[33] 谷小勇．主要发达国家农民职业教育的兴起及发展［J］．高等农业教育，2008，(8)：80～83.

[34] 中国农业技术推广体制改革研究课题组．中国农技推广：现状、问题及解决对策［J］．管理世界，2004，(5)．

[35] 联合国粮农组织．农业推广（第二版，中文版）［Z］．1990.

[36] 朱广其．我国农业技术创新制度的优化［J］．乡镇经济，2002，(2)．

[37] 唐永金．论农业推广中的主体行为［J］．河北农业大学学报（农林教育版），2003，(6)．

[38] 吴春梅．公益性农业技术推广机制中的政府与市场作用［J］．经济问题，2003，(1)．

[39] 王传荣，钱乃余．发达国家农业推广工作的经验与启示［J］．农业经济，2003，(6)．

[40] 王凯，颜加勇．中国农业产业链的组织形式．现代经济探讨，2004，(11)．

[41] 刘金山．市场协调农业产业链：一种探索．上海经济研究，2002，(3)．

[42] 王凯．加强我国农业产业链管理的战略思考．科技与经济，

2004，17（1）.

[43] 农业部农业产业化办公室/农业部农村经济研究中心. 中国农业产业化发展报告. 北京：中国农业出版社，2008：10～12，16～17.

[44] 鲍德威，威迪逊. 公共部门经济学［M］. 北京：中国人民大学出版社，2000：86.

[45] 孙亚范. 新型农民专业合作经济组织发展的研究. 北京：社会科学文献出版社，2006：206.

[46] 湖北省农业厅科教处. 湖北省基层农技推广体系改革座谈会文件汇编. 2003 年 12 月.

[47] 湖北省公安县农业局. 公安县基层农技推广体系建设材料汇编. 2004 年 3 月.

[48] 农业部基层农业技术推广体系改革联席会议办公室. 湖北省公安县农业技术推广体系运行机制研究报告. 中国农业信息网，2007-08-17 11:06.

[49] 高启杰. 国际农业推广改革的分权战略. 世界农业，2000（总 255），（7）.

[50] 王平等. 浅议农业技术推广的特征. 农村经济，1996，（7）.

[51] 王文玺. 世界农业推广之研究. 北京：中国农业科技出版社，1994.

[52] 王济民等. 新形势下我国农业科技推广体系建设思路和方向. 农业展望. 2008，（12）.